A ESCOLA DO SUJEITO

Ética
Desejo de analista
Nomeação

A ESCOLA DO SUJEITO

Ética
Desejo de analista
Nomeação

Direção

CLAUDE DUMÉZIL

– Análise Freudiana –

TRADUÇÃO
Antonio Carlos V. Braga

EDITOR
José Nazar

Companhia de Freud
editora

Título Original
À l'école du sujet

Editoração Eletrônica
Victoria Rabello

Tradução
Antonio Carlos V. Braga

Revisão
Sandra Regina Felgueiras

Editor Responsável
José Nazar

Rio de Janeiro, 2005

FICHA CATALOGRÁFICA

E73

A escola do sujeito : ética, dispositivos instituintes, desejo de analista, nomeação : contribuição ao debate sobre a instituição psicanalítica sob a direção de Claude Dumezil / tradução Antonio Carlos V. Braga; editor: José Nazar. – Rio de Janeiro: Companhia de Freud, 2005.

146 p.; 23cm.

Inclui bibliografia.

ISBN 85-7724-001-0

1. Psicanálise – Discursos, ensaios, conferências. I. Nazar, José.

CDD-150.1954

Companhia de Freud
editora

Endereço para Correspondência
Rua Barão de Sertório, 57 – 6º andar
Tel.: (21) 2293-7166
Rio Comprido – Rio de Janeiro
Cep 20.261-050
e-mail: ciadefreud@ism.com.br

Índice

Em memória de André Rondepierre, de Claude Conté
e de Geneviève Granier de Cassagnac-Grauloup,
que estavam presentes nos tempos lógicos
da elaboração desta pesquisa.

Prefácio

Este livro fala de uma teoria, uma prática e uma política da instituição analítica que não sejam contraditórias à ética freudiana da cura.

Esta pesquisa, conseqüência da obra de Freud e decorrente do ensino de Lacan, redundou, em fevereiro de 1992, na firmação em ata de uma fundação institucional. Essa ata se originava na determinação de cada membro, um a um. A ata de fundação repousa numa enunciação – que resiste a se perenizar como *enunciado* –, enunciação que inclui ao mesmo tempo um princípio e o ato que lhe é indissociável: "A instituição analítica, se existe, nada mais é que a cura".

A presente obra foi elaborada sobre artigos e trabalhos; sendo que alguns são inéditos. Ela segue ou retoma as linhas de força conceituais que organizam o funcionamento institucional.

Em nota de rodapé, assinalada por um número entre parêntesis no início de cada excerto de texto, figurarão as informações bibliográficas que permitirão a localização do texto citado.

Não foi possível evitar certas repetições: nós as tomaremos como manifestações da insistência do "Real em jogo na formação do psicanalista".

É precisamente a se tentar pensar o Real que convida este livro.

Ele contém duas partes: uma apresentação de conceitos e princípios fundamentais, seguida de textos em ressonância com ela, deixando ao leitor o cuidado de elaborar seu itinerário do enunciado teórico à narrativa, ou vice-versa.

A preparação, escolha e ordenamento dos elementos desta pesquisa foram determinados por um grupo de trabalho composto por Bernard Brémond, Claude Dumézil, Geneviève de Cassagnac-Grauloup e Brigitte Hamon.

A finalização da obra deve-se a Bernard Brémond e Claude Dumézil.

Introdução
Que instituição para qual psicanálise?

"Lá onde isso estava, lá como sujeito devo advir".
Lembramo-nos freqüentemente dessa tradução de
Lacan do "Wo Es war Soll Ich werden" de Freud em
seu artigo "A ciência e a verdade", *Écrits*, p. 864*.

O sujeito do inconsciente, o sujeito do desejo, no
campo da psicanálise, é diferente da acepção
correntemente contemplada de sujeito, em
filosofia, psicologia ou gramática.

Enquanto efeito de significantes, nosso sujeito
escapa à atração do ser ou do ter, pelo fato da falta,
de uma perda inerente à estrutura em si da lingua-
gem, que ordena as formações do inconsciente.

A escola do sujeito é a escola dessas formações às quais
Lacan relacionava as formações do psicanalista.

Existe na expressão comum "instituição analítica" uma impropriedade, até um abuso de linguagem. Esse tipo de aproximação é um comodismo que os psicanalistas usam para designar as organizações para o estudo da psicanálise, a pesquisa e a formação dos analistas. Esse termo "Instituição"

---

* A tradução brasileira, da editora Zahar, traz na margem a numeração do texto publicado na França. (NT)

eleva essas organizações a um patamar suficientemente alto para que se comparem às instituições universitárias, científicas ou religiosas, ao mesmo tempo que se demarcando, de maneira a se manter bem em relação à controvertida questão da cientificidade da psicanálise, do rigor codificado de seu ensino, de suas virtudes curativas específicas.

É verdade que a psicanálise não está representada como tal no âmbito das faculdades, no CNRS* ou no INSERM**, que ela não tem templo ou mausoléu, exceto alguns pequenos museus em Viena, Londres ou Paris: comoventes vestígios das gratidões transferenciais ou tocantes manifestações de piedades filiais ambíguas.

A analítica, instituída, eleva-se acima das evanescências histerizantes do relacional; ela compreendia até uns anos atrás o disparatado conjunto das "psicoterapias", ao qual agregam-se depois muitos grupos, escolas, sociedades que prometem felicidade, alívio rápido ou prevenção de angústias diversas que são o lote comum em uma sociedade enferma.

O afloramento dessa "força" sindical à cata de normas ABNT – como aparelhos eletrodomésticos – provoca uma reflexão acerca das responsabilidades assumidas pelos que levam em conta uma competência psicanalítica.

Analyse freudienne, por sua vez, tirou as conseqüências de um problema que se assemelha à solução da quadratura do círculo; a resposta é: *não à ausência das normas* e *não à definição de normas*. Essa posição nada tem de irresponsável nem de arrogante. Ela deve muito à história da habilitação dos analistas desde Freud, depois Lacan, e ao que surgiu após um ou o outro.

Acontece cada vez mais que eventuais analisandos perguntem, no curso das primeiras entrevistas, a que "Escola" ou Grupo Analítico seu eventual analista é filiado. Não achamos que uma não-resposta, justificada pela tentativa de conforto imaginário que implicaria uma tal pergunta, seja hoje a melhor atitude, mesmo que a que consistisse em enumerar seus títulos ou

* Centre National de la Recherche Scientifique – Centro Nacional da Pesquisa Científica. (NT)

** Institut National de la Santé et de la Recherche Médicale – Instituto Nacional da Saúde e da Pesquisa Médica. (NT) seu *pedigree* analítico infelizmente engajasse o analista numa interlocução dual e de mau prenúncio.

É verdade que são raros os pacientes que se apresentam a um analista desprovidos de um mínimo de informação (freqüentemente muito escassa) sobre a confiabilidade do profissional que consultam. Contudo, não tendo certeza de estarem pedindo uma cura analítica – *stricto sensu* –, interessa menos a filiação teórico-científica daquele ou daquela a quem se dirigem que a suposta qualidade "humana" da "pessoa" a quem encaminham um pedido de ajuda. Crédito exorbitante, pois estão legitimamente no centro do problema do paciente, ao mesmo tempo estando fora de propósito, do ponto de vista da análise, as respostas exigidas de um analista diante de um sofrimento que poderia escapar à sua competência.

Está bem claro que não há competência sem um reconhecimento rigoroso de seus limites, sejam os do método em si ou os associados a uma faixa etária ou a uma estrutura psicopatológica específica do consultante.

Há analistas eficientes de todas as linhas. Compreendem-se aí, nas correntes bem pouco numerosas, os praticantes do ICS.

Na França, vinte anos atrás, poder-se-ia afirmar que a psicanálise era quase que totalmente freudiana. Era algo natural. Hoje em dia, mesmo que continue a ser assim, é fundamental esclarecer: a linha divisória freudiano/não-freudiano deslocou-se para o imaginário coletivo. Não passa mais entre a prática dos alunos de Freud e a dos dissidentes da primeira geração e seus alunos, junguianos, adlerianos, kleinianos, reichianos, etc.

Até a "marca" IPA perdeu, já há alguns anos, uma parte de sua garantia exclusiva: o reconhecimento, por boa parte desses freudianos ortodoxos – não sem alguma reticência, para alguns –, da importância do ensino de J. Lacan, no interior mesmo da "casa freudiana", refinando, estendendo alguns desenvolvimentos do pensamento de Freud e ao mesmo tempo mantendo-se fiel ao seu encaminhamento, aos objetivos e à ética do fundador, reconforta os que o ensinamento direto de Lacan formou, preserva sua identidade de psicanalista freudiano e não lacaniano mesmo que a transmissão da psicanálise que eles permitiram leve a marca das veredas conceituais abertas por Lacan, sobretudo pela referência a outras veredas simultaneamente abertas no que se chamou, na segunda metade do século XX, de "Ciências Humanas".

Bem certo de sua dívida para com Freud, não tendo nunca cessado de honrá-lo, levando seu olhar para além das peripécias que abrilhantaram seu percurso da SPP à EFP, Lacan não cogitou em formar uma associação internacional de sua escola; ao contrário: ele a dissolveu.

A maior parte de seus alunos diretos, mesmo rivais ou dispersos, permaneceram nessa linha de retorno a Freud, da leitura e releitura de Freud, do enodar infatigável, incessantemente enriquecido e fecundo, da clínica do divã à prática conceitual; uma impensável sem a outra.

Entretanto, e apesar deles, constituiu-se uma pseudo-ortodoxia lacaniana, a dos escribas e dos "crentes" que, à sombra de um processo de inventário (para o estabelecimento dos seminários), pôs-se a "maquiar" a transmissão da letra; retirando o objetivo (retorno a Freud), o fôlego, o estilo, exceto para confundir o estilo com seus elementos mais discutíveis, o desvio do funcionamento universitário aplicado à psicanálise.

De seu lugar enunciativo tradicional, o ensinante pode perfeitamente analisar de maneira lógica uma estrutura, expor uma teoria da "falta" perfeitamente adaptada à ética da cura, mas sem nada modificar à apreensão, à captura do sujeito-ensinante na citada estrutura nem à sua relação defensiva em relação às várias próteses com as quais preenche sua angústia de um vazio.

Todavia, os termos ensinamento ou transmissão são úteis para perceber as experiências diversificadas que se unem para produzir analistas, assim como os espaços transferenciais nos quais elas se desdobram. Deve-se situar comparativamente esses espaços (cura, controle, passe ou trabalho sobre a prática) dentro dos dispositivos que os permitam, observando as conseqüências possíveis para o analista em formação: realocação de elementos das estruturas em jogo na cura, reescrita dos significantes que determinam o sujeito, substituição de um lugar por uma função de analista que permite designar esse lugar a um outro (o paciente) sem o ocupar; finalmente, a necessidade institucional ou instituinte, para cada praticante, de se tornar também analista por sua própria experiência. *Em relação a* um tipo de transmissão da psicanálise que, de fato, só transmite saber consciente, convém conceder toda a importância a essa grande lição recebida na EFP: que os avanços teóricos de Lacan tinham conseqüências para a prática em consultório assim como para a prática institucional, sem que se possa encontrar uma ruptura ética (que não fosse acidental) entre uma e outra. Lacan permitia-se uma certa quantidade de variantes na condução das curas de seus pacientes e o espírito de pesquisa estava presente em seu ensino assim como em suas inovações institucionais. Creio poder deduzir desta constatação o seguinte axioma: não se pode separar um projeto teórico, ético e político para a psicanálise freudiana de um trabalho sobre a prática. A teoria pura pode muito bem se transformar em um fragmento do discurso filosófico. A prática, isolada de seus fundamentos, pode inserir-se no registro vago das psicoterapias. A ética pura tornar-se-ia prescritiva, ou até mesmo moralizante. Quanto ao aspecto político da psicanálise, se o isolássemos, ele cairia no militarismo ou nas mais discutíveis negociatas.

O que também aprendemos com Jacques Lacan e que nossa prática de analisando, mesmo tornado analista, nos confirma é que a questão do saber é, de saída, um engano, pois aquilo com que o sujeito em análise está lidando é com a insistência da ignorância (Lacan dizia: "a paixão da ignorância"), com a repetição, a censura, a "composição" da verdade, o fingimento [*semblant*], com cem maneiras de tratar a verdade. De duas uma: ou esse sujeito não quer saber de nada ou o que ele quer ou pode saber está sempre relacionado a um limite, que é o limite em si da *talking-cure.* Em outras palavras, é a linguagem em si que limita o aparecimento de um graal verídico que escapa sempre até que se pare a busca, quando o sujeito em análise percorreu um número suficiente de voltas ao redor do que constituirá resto para que o dispositivo da cura possa caducar. É essa conversão do sujeito na sua relação com o saber que funda o conceito de saber inconsciente. Não há como transmiti-lo pedagogicamente. Advém daí o aforismo de Lacan freqüentemente citado: "Não estou falando da formação do analista, mas somente de formações do inconsciente".

Deduz-se daí a utilidade, para uma associação analítica, de colocar à disposição de seus aderentes dispositivos que permitam o colocar a trabalhar o saber inconsciente. Esses dispositivos são o que chamamos de "instituintes".

A Analyse freudienne, tendo a ambição de chegar a instituição psicanalítica, fundamentou-se em uma tríplice orientação – ou tripé –, cujos elementos *são a retomada da experiência do Passe, a organização de* Dispositivos sobre a prática* *– passe e dispositivos sendo não qualificantes e não habilitantes – e a elaboração de um* Protocolo institucional *de nomeação, defasado em relação aos dois principais "pilares" precedentes, sendo o conjunto suscetível de permitir a cada um pôr à prova seu desejo de analista, condição final de uma nomeação ou de uma habilitação que não seja antinômica à ética da psicanálise.*

O que vai ser lido nos capítulos seguintes descreve, pois, o encaminhamento dessa tríplice orientação através das reflexões de alguns e do que ressoou dos escritos que produziram há já oito anos.

Os princípios fundadores foram e são os seguintes:

– A instituição analítica, se existe, nada mais é que a cura;

– Se houver a possibilidade de um fundamento teórico para a habilitação do analista, ela reside na definição da função de analista, particularmente através do questionamento relativo ao seu desejo. Este deve ser trabalhado e formalizado a partir das vias de pesquisa que J. Lacan nos abriu: a elaboração dessa função é a aposta essencial de todo o nosso esforço de teorização.

Mas como sustentar que um sujeito a afirma de fato. Quaisquer que sejam os dispositivos ou procedimentos à disposição, eles não anularão esse diferencial; entretanto, o trabalho de elaboração que eles produzirão contribuirá para situar uma inscrição "analista" em uma lista de "Analyse freudienne" como não contraditória face à teoria analítica;

– uma associação para a análise, que não chegaria hoje a ser uma escola, não pode garantir que alguém procede de sua formação. Pode ela sem dúvida atestar que um de seus membros situa sua relação com a prática e com a pesquisa teórica dentro da ética que ela sustenta: a de Analyse freudienne. Isso será possível na medida do testemunho de seu engajamento efetivo no trabalho da associação;

– transmissão e reinvenção deverão ser entendidas como os dois tempos da psicanálise em intensão e extensão. A Analyse freudienne sustentará essa posição, teórica, particularmente seguindo o que a inovação do Passe

* A expressão em francês é "Dispositif sur la pratique"; é possível, por exemplo, a tradução por "dispositivo na prática", já que há também a noção, desenvolvida no texto, de "dispositivo de prática sobre a prática". (NT)

introduziu em termos específicos e inaugurais, mas também promovendo diferentes dispositivos sobre a prática e inaugurando um Protocolo institucional como lugar capaz de produzir uma luz renovada sobre os diferentes momentos ao curso dos quais um analista pode ser interrogado sobre sua prática e por seu desejo.

– os cartéis organizam e estruturam o trabalho entre membros da associação. Esta tem como objetivo favorecer sua dinâmica, particularmente via sua conexão como grupo de estudo, de maneira a considerar plenamente as regiões e permitir que todo membro possa inscrever alguma coisa de seu engajamento na Analyse freudienne.

Esses princípios resultaram em um ato fundador, colocado um por um, pelas duas dezenas de pessoas que os haviam elaborado.

Neste ato era requerido o desejo de cada um, de tal maneira que o enodamento entre prática e conceituação não seja feito sob a bandeira de nenhum nome próprio, mas ao risco da enunciação de todos.

Claude Dumézil

Capítulo 1
Ética

[(1)] Uma reflexão saída da psicanálise poderia contribuir para o estudo das relações entre o "sujeito" e a "lei" inerentes à noção de laço social? Entre um indivíduo e o coletivo de que faz parte, uma regra do jogo (a mesma para todos) é necessária. De fora vem a contribuição da Lei. De dentro, uma moral, laica, mas freqüentemente de inspiração filosófica ou religiosa, exerce sua autoridade. Daí os eventuais conflitos entre lei escrita e lei não escrita que afligem a consciência individual ou questionam o sujeito-cidadão.

Tais conflitos abrem o campo de uma ética, de evolução lenta, em função dos novos parâmetros, associados ao estado dos conhecimentos. Sábios e "sensatos" esclarecem a opinião pública e aconselham o legislador na tarefa de editar regras éticas adaptadas e democraticamente aceitáveis.

A psicanálise, uma cura analítica nada têm a ver com a reprodução de um modelo relacional ou social habituais. Entretanto, a psicanálise comporta a exploração da alteridade, e a alteridade está no cerne do social. A alteridade que a psicanálise deve conhecer passa pela fala e encontra a realidade do inconsciente como efeito da linguagem. Nesse campo da alteridade, toda oposição entre realidade e discurso é tão parcial e ideológica quanto o seria uma oposição entre a ciência, em suas premissas e realizações, e o inconsciente, nas suas formações. Inconsciente e ciência têm o mesmo sujeito, que não é o sujeito gramatical, que não é o primeiro sujeito do *cogito*

---

1 Claude Dumézil, "Une éthique autre", *AFP*, nº 16-17, L'Harmattan, primavera-outono de 1998.

de Descartes (*eu* [*je*] penso), mas o segundo (*eu* [*je*] sou), tomado na matéria em si da linguagem. Esse sujeito, como Lacan o escreveu, $\$$, é barrado pelo significante, termo importado da lingüística saussureana, bem útil para se considerar clinicamente (o significante representa o sujeito para um outro significante) a noção do sujeito em psicanálise. Útil e justificado pela prática das formações do inconsciente, que funcionam efetivamente como uma linguagem, pois que o dito inconsciente é estruturado como tal.

O homem, como ser falante, é duplamente dividido: vivo e sensível por um lado – mas não reduzido a um "ser natural", pois que pode sair dele para pensar – e, por outro lado, dividido por sua captura na ordem do discurso.

Pode-se ver surgir aqui uma *outra* ética que não a oriunda de uma representação dos ideais científicos ou religiosos. Proponho nomear, graças à psicanálise, essa outra ética de *ética do desligamento* [*déliaison*], a se colocar em perspectiva com o conceito usual de ética que ignora o inconsciente ou reduz sua pertinência às manifestações patológicas. Quando se fala em moral exposta aos riscos da ciência ou da ciência exposta aos riscos da moral (laica ou religiosa), se desvaloriza a dimensão inconsciente do pensamento.

O que falar desse termo desligamento alçado aqui à categoria de conceito?

... não se poderia resumir o ato de desligamento a uma ruptura de laço qualquer. Da mesma maneira que a pontuação (e também a ficção), o ato de desligamento introduz uma descontinuidade em uma continuidade racional ou lógica, gerenciando os espaços, os silêncios que conferem à linguagem seu caráter destacado, compreensível. Pode-se interpretar os sonhos, a psicopatologia da vida cotidiana ou outras formações do inconsciente como esses pontos ou traços de ruptura que, à revelia do sujeito consciente, vêm exprimir e desmontar qualquer fantasma egóico de totalidade homogênea.

Nada há de mais equívoco que a noção de laço: existe o laço que, como uma conjunção, une duas frases, duas palavras; há o laço que une; há o laço que entrava, que aprisiona. Há aquele que faz sentido. Este último é, por exemplo, o que um Jung confere à noção de inconsciente coletivo. Seu acréscimo, ao termo inconsciente (no que se torna, em Jung, uma psicologia analítica), da palavra coletivo é interessante, pois não constitui um desligamento, mas uma ligação. Não há como conceber representações inconscientes da mesma maneira, se as colocarmos no plano coletivo. Não existe sujeito coletivo na enunciação. O inconsciente da psicanálise freudiana tem um sujeito determinado. O inconsciente coletivo não sustenta desejo outro que o da psicologia de grupos. O inconsciente junguiano conduz a concepções religiosas ou ideológicas, nas quais predomina a identificação com um líder, no registro do imaginário, aceitando assim o desvio totalitário. É por isso que recusamos esse inconsciente.

O social não é reduzível ao coletivo e a ligação não poderia definir um programa único.

... É responsabilidade de muitos psicanalistas, fechados em sua prática e seu ensino, monopolizados pela política própria de suas instituições, se retirar do debate popular. Porém a justa preocupação de uma política para a psicanálise ameaça inscrevê-la do lado do imaginário e do ideal.

O inconsciente existia, é claro, antes da descoberta da psicanálise: não há anterioridade da realidade em relação à representação, mas uma combinatória. Um saber sobre o inconsciente põe seu selo nessa combinatória. Vale o mesmo para a noção de "real", separado do conceito de realidade.

Esse registro não é específico da psicanálise, mas esta tem uma prática clínica específica: o real é o que escapa ao sujeito, é o que está além da imagem e da letra, o que não é especularizável, o que é impossível de suportar. O ensino de J. Lacan formalizou seu lugar na estrutura relativamente ao imaginário e ao simbólico. O que não pode ser simbolizado surge no real, daí as relações privilegiadas entre o real, o recalcado e o inconsciente. De toda maneira, é referida ao real e não a um ideal que a ética da psicanálise se especifica. Se um discurso faz laço social, a ética é mais a conseqüência que a causa disso. Será, talvez, o que fundamenta o psicanalista quando propõe acrescentar às outras éticas sua *ética do desligamento*, referida ao real da estrutura?

Parece-me que o fato de que o desligamento diga respeito ao inconsciente pode ser identificado na prática teórica, de Freud a Lacan, dos psicanalistas confrontados, na estrutura dinâmica das curas que eles conduzem, com uma problemática de perda e de luto. O recurso de Lacan aos matemas, como ferramentas de um "integralmente transmissível", confirma bem uma matéria que escapa aos sentidos, assim como a nova abordagem do estatuto do sintoma pela topologia dos nós: o sintoma como quarto elemento necessário para fazer "se sustentarem" os três registros (aqui chamados de "consistências"), real, simbólico e imaginário.

Que o desligamento tenha seu lugar no discurso é o que indica a observação, em estado bruto, no jogo de *Einfall*, dos elementos essenciais do pensamento como o desejo, a pulsão de morte, a divisão do sujeito. O sujeito da ciência procede desse limite a toda completude existencial ou relacional, de onde se seguem os contornos do sujeito do inconsciente. Humanas ou exatas, as ciências se vêem às voltas com a questão do recalque. Porém para ignorá-lo ou tender a apagá-lo. Essa polaridade natural das ciências voltada para o consciente e a realidade, e não para o real e o inconsciente freudiano, torna a psicanálise heterogênea em relação aos outros campos do conhecimento ao mesmo tempo que lhe confere um lugar numa reflexão ética. Nada mais resta a não ser deplorar a ausência de psicanalistas no seio dos comitês de ética encarregados de conhecer as mutações que a ciência traz à nossa sociedade, mesmo que a vocação da psicanálise não seja a de explicar o mundo, aconselhar peritos ou produzi-los. Sem dúvida, os sábios e as autoridades morais produzem um discurso destinado a ultrapassar uma realidade de experiência, mas a psicanálise é a única experiência que produz um discurso que implica o real, na junção da fala e do corpo, da ciência e do social.

... quaisquer que sejam os méritos e os esforços dos intelectuais e dos sábios, eles não podem continuar a ignorar um século de pesquisas e trabalhos versando sobre o inconsciente freudiano, um século de conceituação da psicanálise. Deve-se constatar que as instâncias mais eminentes de nossas sociedades ditas desenvolvidas, sejam elas políticas, historiadoras, economistas, ecologistas ou sanitárias, não levam em consideração o inconsciente, seu discurso, seu desejo, seu sujeito; estas são categorias vistas como estando abaixo dos limites do politicamente aceitável, coisa dos "psis" e seus doidos e não dos homens, circunspectos e responsáveis, de ciência e de poder. Sua reflexão ética e filosófica fica assim simplificada, mas desdobra-se apenas nessa dimensão de ordem pública e moral do laço social.

Essas observações não têm outra pretensão que assinalar o interesse que alguns psicanalistas dirigem, como psicanalistas, aos problemas da sociedade nas suas relações com o desenvolvimento dos saberes. É a prática do inconsciente que permite abordar essas questões com muito mais "desligamento" do que seria possível nos discursos de mestria mantidos como origem ou objetivo do político ou legislativo.

A ética freudiana intervém em todas as etapas, mas deve se fazer ouvir de maneira consultiva, é claro que na origem. Deve fazê-lo sem confusão de papéis, de situações e de responsabilidades executivas.

Em seu seminário RSI, Lacan declarou que "Não há outra ética a não ser jogar o jogo de acordo com a estrutura de um discurso...". Numa reflexão mais especificamente focada no desligamento como modalidade de ato analítico e do que se efetua na cura, Bernard Brémond relembra o seu rumo: estabelecer ou restabelecer uma função simbólica; os termos que operam nesse trabalho sustentam, como ordem da lei, que é por uma divisão ligada ao fato da linguagem que o sujeito do inconsciente é determinado. Cabe a cada sujeito assumir ou não essa lei em sua relação com o saber e com a verdade, de acordo com a maneira como ele saiba ou não que o significante age essencialmente como separado de toda significação por uma distância que não poderia ser reduzida de uma vez por todas. Tais elementos indicam o que uma ética da psicanálise deve ao discurso e lhe conferem seu estatuto lógico: conseqüência de um discurso e do estatuto do próprio sujeito.

Essa dimensão da lei não escrita encontra, na topologia lacaniana do nó borromeano, base para pensar a psicanálise e pensar a cura: uma escrita de cortes irredutíveis, não orientada, bem mais próxima do real que de um modelo: deste não se espera uma representação, mesmo que seja apriorística e preditiva?... Extrai-se da formalização borromeana sobretudo um entendimento do que relaciona função simbólica e real da estrutura; uma clínica assim é determinada, desligada do "objeto-eu" a esclarecer ou fazer brilhar, uma clínica que, nomeando os três registros, diferencia-os e pensa seus modos de articulação. Se a finalidade de uma cura psicanalítica é que sujeito advenha à ordem simbólica, este não pode ser apreendido independentemente do real e do imaginário. Esse jogo em si é a estrutura que origina a ética da psicanálise, e o desligamento ocupa aí um lugar capaz de orientar uma concepção da experiência psicanalítica assim como a direção da cura e seu direcionamento ético.

(2) O que a psicanálise e sua experiência nos trazem de novo é, em primeiro lugar, isto: o sujeito, aquele que é concernido pelo procedimento

---

2 Bernard Brémon, "Dénouer, délier: une éthique... à cause du désir", *AFP*, nº 16-17, L'Harmattan, primavera-outono de 1998.

freudiano, é um efeito do discurso, não é sua causa. Isso é o que enuncia a fórmula: "Um significante representa um sujeito para um outro significante". Há uma ética que decorre disso.

Nomear essa ética de "Ética do desligamento" responde aos partidários de um pós-lacanismo finalmente livre das difíceis e irritantes questões levantadas por uma concepção da cura para a qual a experiência – talvez ficasse melhor aqui dizer "a prova" – da dessubjetivação não é nem uma palavra vã, nem o objetivo de uma estratégia manipuladora e selvagem. Sem nenhum "gozo do trágico", sem pretensões a uma ilusória, quiçá assintótica, "pureza do desejo", entretanto mais próxima de Antígona que de Creonte, essa concepção, ao não ignorar o inconsciente, ou seja, o Real da estrutura que faz o ser-falante [*parlêtre*], é orientada pelo reconhecimento do lugar da morte na constituição do sujeito. Os próprios termos dessubjetivação e desligamento sem dúvida evocam uma dominação do que Freud chamou de pulsões de morte e reenviam a esse pendor depressivo, melancólico e até suicida de certos finais de análise, esse pendor que a teoria lacaniana da cura seria, segundo alguns, suspeita de cultivar: entretanto, descobrir suas incidências ao longo do percurso de uma análise, e particularmente no tempo de seu final, é o mínimo que se esperaria na medida em que todo processo de simbolização é indissociável dos reencontros, para o sujeito, com esse ponto de perda de ser onde ele se põe à prova novamente como "efeito", lá onde ele sempre será tentado a representar-se como "causa". O que permitiria, então, pensar que as miragens totalizantes das ilusões "egóicas" sejam menos mortíferas que a experiência da irredutividade da divisão?

Esse movimento de desligamento é perfeitamente discernível no texto de Freud chamado "A moral sexual 'civilizada' e a doença nervosa moderna" (1908). Freud ali explica com precisão em que o que se pode chamar de uma ética decorrente de sua concepção de pulsão sexual é antinômica à moral sexual "civilizada", a que diríamos hoje atrelada ao discurso da ciência. A posição de Freud nesse texto não decorre de moral alguma: ele extrai as conseqüências éticas do "desligamento" inaugural produzido um pouco mais cedo, na própria abertura dos "Três ensaios sobre a sexualidade": "Introduzamos dois termos: se chamarmos de objeto sexual a pessoa da qual emana a atração sexual e finalidade sexual o ato para o qual a pulsão impulsiona, a experiência submetida ao crivo da ciência nos demonstra a existência, relativamente a esses dois pólos – objeto e finalidade sexuais –, de diversas variantes cuja relação com a norma aceita requer um exame aprofundado". O des-ligamento do objeto e da finalidade fundamenta a teoria psicanalítica da pulsão sexual e abre para uma ética: "Do ponto de vista da psicanálise, em conseqüência, o interesse exclusivo do homem pela mulher é também um problema que requer uma explicação e não algo óbvio...".

Já foi em termos de ligação e desligamento que Freud formulou sua primeira teoria da transferência. Nos "Estudos sobre a histeria", ele assinala que a transferência para o médico acontece por uma associação falsa: "O desejo atual se viu preso, por uma compulsão associativa, à minha pessoa, claramente levada ao primeiro plano das preocupações da doente". E aqui Freud utiliza um termo francês: "Nessa *mésalliance* – à qual dou o nome de falsa relação –, o afeto é idêntico ao que tempos atrás havia levado minha paciente a banir um desejo proibido. A partir do momento em que isso ficou claro para mim, passei, a cada vez que minha pessoa se encontrava assim implicada, a postular a existência de uma transferência e de uma falsa relação". Em nota anterior, e a respeito da história clínica de Emmy Von N., essas falsas associações – é a finalidade da cura "desatá-las" – haviam sido relacionadas à "compulsão associativa", que leva a paciente a encontrar "laços causais fictícios" onde escapa às percepções do consciente a verdadeira razão de tal ou tal fenômeno psíquico. Existe uma exigência da consciência de ligar as representações, de unir os elementos presentes em determinado momento. Aí aparece que, logo à entrada em jogo, a transferência introduz um laço que é função da cura desfazer. Tiraremos daí, para a continuação de nosso trabalho, a seguinte observação: a transferência na análise é utilizada para desfazer a mesma coisa que ela introduziu como laço.

... Desligamento e desenodamento...

Falar aqui de desligamento entre os três registros da dívida – Real, Simbólico e Imaginário – requer, na minha maneira de pensar, que se faça uma distinção entre o desligamento e o que as categorias lacanianas e o nó borromeano nos habituaram a chamar de "desenodamento". A cura certamente é uma intervenção no nó das três consistências RSI, ou em seu enodamento pela quarta, o sintoma, entretanto essa operação não constitui um desenodamento no sentido rigoroso; somente a morte pode realmente desenodar essas consistências. Acresce que, se somos levados, para pensar e para dar conta do ato analítico, a isolar ou separar entre si os três registros, não se deve perder de vista que o desenodamento é uma ficção, operatória, mas que não poderia ser uma realidade. O desenodamento diz respeito a um Real, muito particularmente ao Real da morte.O desligamento não está no mesmo plano, mesmo que esteja definitivamente relacionado ao mesmo Real. Valendo-nos de uma imagem, digamos que, em termos freudianos, desenodamento seria a se inscrever no registro metapsicológico, enquanto que desligamento, que é mais orientado para o ato analítico e a transferência, figuraria entre os escritos técnicos.

O desligamento tem como fim as relações do sujeito com o saber, e é pela colocação em jogo da "suposição" que se efetua o ato analítico como intervenção na transferência; o desenodamento, conceito oriundo da topologia lacaniana, é relativo à intervenção "possível" no enodamento borromeano RSI, ou seja, objetiva a questão da estrutura.

Definir a psicanálise como "ética do desligamento" é, pois, também tentar precisar em que a transferência é ao mesmo tempo resistência e motor da cura e como nela se articulam ligação e desligamento. Ofereçamos a seguinte formulação: *a transferência tece um laço tal que o que ata não permite evitar o pensamento do que desata.* É isso que fundamenta a dimensão ética da experiência, que é de fato uma conseqüência do discurso do analista. E é nesse sentido que se insere o lugar da morte na estrutura psíquica.

Lembremos, de passagem, que essa formulação aplicada à transferência permite situar em que o eixo do processo analítico é estritamente de sentido oposto ao que orienta a constituição democrática das multidões ou dos grupos: a constituição do laço democrático, sobretudo dentro da contemporaneidade de nossa democracia de massas, requer, antes, que se evite o pensamento do que separa; sabe-se o lugar e a função que aí ocupa a busca do consenso; a democracia ateniense dessa maneira se fundou sobre o juramento de "não lembrar os males do passado" e sobre a anistia, concedida pelos cidadãos reunidos, para os inimigos de ontem. Aí se encontrará material para que se reflita a respeito dos laços que organizam a "multidão analítica".

Essa observação não é apenas incidental, um desvio pelo lado da política; pois que o enunciado freudiano sobre a cura – *Wo Es war, Soll Ich werden* – vê-se, pela tradução clássica, interpretado no modo do processo majoritário democrático; e assim se escolhe, para a função de governo atribuída ao Eu, "desalojar" ou "conquistar" o isso. Fazer da conquista do isso pelo Eu o objetivo e eixo do processo analítico é, em primeiro lugar, identificar o sujeito (*Ich*) e seu Eu (*das Ich*), e é pensar a cura de acordo com o modelo do debate e da instituição democráticos, regulados por uma instância representativa, consensual e pacificadora que governa: o Eu é realmente uma instância de ligação. Essa perspectiva de uma "democracia interna" seria compatível com uma ética oriunda do discurso do analista?

É da colocação em perspectiva e em tensão desses dois conceitos pivôs de desejo de analista e de ética do desligamento que se chegará, talvez – por entre os acasos das inovações, o fechamento de uma ortodoxia ou a complacência de uma ancoragem psicossociológica na "cultura" –, a preservar a própria psicanálise do recalque.

EM RESSONÂNCIA: *Serendipidade*

Capítulo 2
Ficção

Durante o percurso de uma análise, após esse tempo, que pode ser muito variável, no qual as associações do analisando seguiram seu curso tão "livremente" quanto possível, como lhe prescreve a regra fundamental e como a transferência o motiva, não é raro que o desdobramento da fala venha a tropeçar na seguinte dificuldade: "Para que serve isso?". Para que serve essa série de palavras, de lembranças, de sonhos, para que esse encadeamento de significantes que nunca vai acabar, pois bem sabe o analisando que desse saber não-conhecido ao qual a cura abriu acesso ele não terá "tempo para dizer a última palavra"?

Se, em um primeiro tempo, os efeitos da fala no sintoma, na vida sexual e na representação da existência foram sensíveis – mais freqüentemente de maneira "eu-fórica"–, essa "libertação" atinge um limite que assinala sua vaidade. Que as coisas estejam indo melhor não permite ainda que estejam bem, e a "liberdade" almejada se vê às voltas com uma alienação que abala a confiança no método e a esperança ali investida. Após ter divertido-se bancando alternativamente o mestre e o histérico, o analisando recebe de sua análise, a menos que seja de seu analista, o inquietante recado que o coloca como joguete de um logro. Para que tudo isso?

É exatamente nesse momento em que fica claro que não há análise sem um logro inicial que poderá se abrir para um sujeito a dimensão da ficção como estrutura da verdade, contanto que o percurso não se detenha ali; pois essa dimensão está precisamente em jogo nesse espaço de tempo no qual à questão "para que serve?" a resposta, seja lá qual for, não interessa, deixando vivo o desejo de seguir em frente: "Eventualmente pode servir para nada", ou seja, para a confrontação com o Real, a Coisa (res). A ficção assim compreendida revela-se um dos registros (Simbólico) no qual está em jogo a função do logro em psicanálise; ela é ao mesmo tempo uma maneira de tratar a intervenção analítica na dimensão imaginária induzida pela transferência e a prática de uma relação com o desejo e com o Real autorizada pelo processo da cura. Como é correlativa da divisão do sujeito entre saber e verdade e, portanto, da dimensão da enunciação, ela se opõe à facticidade de qualquer concepção do mundo assim como aos efeitos de fechamento do discurso da ciência, esse discurso que, ao princípio da casualidade (não há efeitos sem causa), que ignora a hiância aberta por "l'unebévue"*, acrescenta a possibilidade virtualmente ilimitada de abrigar toda verdade em um saber adquirido e capitalizado no qual a significação "racionalmente" formada por enunciados dá consistência ao sintoma.*

O termo "ficção" foi introduzido por Claude Dumézil logo de sua proposta, em 1983, ao ensino, de um seminário clínico denominado "Traço do caso", e antes mesmo que este se torne um dispositivo no sentido estrito do termo. Em realidade, dispositivo e ficção são articulados de uma maneira nada aleatória.

(1) O dispositivo, que não designa *a priori* um lugar fixado antecipadamente para os sujeitos, é preferível ao termo "contrato", jurídico demais: é o agenciamento da situação material e técnica que juntará psicanalista e psicanalisando num projeto de cura. A ficção é o que sustém o psicanalista ao enunciar, notadamente, a regra fundamental, o que não o impede de se engajar em suportar, até o fim, na transferência, suas conseqüências.

[...] Esses termos são convocados pela psicanálise mesma, na medida em que ela coloca em tensão, pela fala e somente pela fala, esse par rival do eu unificante e do sujeito dividido pelo significante, oposição sustentada pelo inconsciente freudiano, a menos que ela o sustente, como efeito de linguagem.

Essa oposição... será reencontrada como dificuldade, mas também como necessidade da instituição psicanalítica.

1 Claude Dumézil, "Les raisons d'um séminaire", em *Le Trait du Cas*, Ed. Point Hors Ligne, 1989.

(2) ... O Traço do caso parece-me merecer o nome de "dispositivo" porque repousa ao mesmo tempo numa ficção organizadora do discurso – o traço do caso – e num percurso balizado através de três tempos, três espaços diferentes articulados entre si. Essa ternariedade, agora estabelecida, pode se mostrar como uma necessidade lógica para qualquer trabalho de elaboração.

Tal dispositivo é estruturado por um deslocamento organizado das posições enunciativas em três espaços transferenciais diversos: seminário, cartel e sessão pública. Cada um desses espaços é apoiado em uma ou algumas transferências: como é que eles se enodam?

Passando do privado ao público, do íntimo ao transmissível, a localização que subtende a enunciação própria a cada um desses espaços modifica-se e tende para uma desencarnação progressiva do referente transferencial, para retomar uma expressão de C. Dumézil.

Sem dúvida, é na passagem de um espaço para o outro que se constata a dinâmica transferencial própria a cada tempo do dispositivo, e é nas idas e vindas de um para o outro que algo pode ali ser utilizado e trabalhado, pelas defasagens que essas passagens introduzem.

O espaço do seminário representa o tempo da enunciação, dirigida a outros, cada um arriscando-se ali, por sua vez. Estamos no íntimo de uma cura e no íntimo do laço enodado pelo analista com seu paciente. O piloto exerce ali um lugar especial, ao qual poderemos retornar: *a minima*, é o suporte da ficção organizadora do dispositivo, a garantia de sua orientação.

Para atenuar os efeitos de grupo incontornáveis, que, como a transferência de que eles são, aliás, um componente, constituem ao mesmo tempo a alavanca e o obstáculo do dispositivo, uma dimensão terceira esteve presente no início do jogo.

No princípio, era a reunião pública que assegurava essa função de des-colamento. Depois, tornou-se necessário um tempo intermediário, o tempo do cartel. Trata-se de um lugar de elaboração e de construção onde se reúnem participantes de vários seminários. Ali se modifica a enunciação, no seu objeto – deixa-se o íntimo da cura de um paciente e de um analista,

---

[2] Marie-Noëlle Gaudé, "Le Trait du Cas aujourd'hui", documento interno do Groupe d'étude du Trait du Cas, 1995, ver *infra*, pp. 69-70.

o enodamento singular de cada laço transferencial, para abordar uma teorização da experiência – e em seu endereçamento – sendo o cartel formado por membros de seminários diversos, há de se passar novamente pelos desfiladeiros da linguagem para que se possa ser ouvido pelos outros.

Cada seminário, com efeito, mesmo que funcione bem já há um certo tempo, produz – à sua revelia – um idioma próprio feito de familiaridade, de conivências, que se enraíza na história do grupo, e as pessoas acabam por se entender através de meias-palavras. Lá ainda, a dimensão do grupo surge sob sua dupla face de facilitador e de resistência: uma escuta mais acurada permite e sustenta uma enunciação mais bem acabada, mais livre, mas, se não se tomar cuidado, o discurso se torna discurso comum, discurso do grupo, portador de normas não conhecidas e, pois, de autocensura inconsciente. Esse discurso de grupo fecha-se sobre si mesmo e não se abre a uma contribuição externa.

O cartel tem, então, essa função essencial de deslocamento da enunciação: cada um deve renunciar ao discurso idiomático do seminário para reformular diversamente, em seu próprio nome, uma elaboração confrontada com a dos outros. Se falta esse tempo, já tivemos essa experiência, é grande demais a distância entre o discurso mantido e o público, e a experiência não chegará a ser transmitida.

Quanto ao terceiro tempo, a passagem ao público, é o que vetoriza o conjunto. Representa o tempo da transmissão. Com efeito, o endereçamento é aí desencarnado, pode-se dizer que é a comunidade analítica. É o tempo no qual se experimenta a validade do dispositivo para produzir algo que outras pessoas possam apreender e utilizar.

Lendo as publicações originadas pelo dispositivo do Traço do caso, pode-se facilmente discernir o benefício que cada analista que testemunhou acerca de seu trabalho no citado dispositivo pôde tirar pelo lado do relançamento de sua "auto-análise": levantamento do recalque, desprendimento das identificações imaginárias, relançamento do desejo do analista.

O dispositivo também cria um modo de relação e trabalho dos analistas entre si que reata com o estilo que foi o dos primeiros psicanalistas, como testemunham os relatórios das reuniões da quarta-feira, em Viena, ao redor de Freud: uma psicanálise em criação, se inventando e se reinventando sem parar.

*Dizer que não há psicanálise sem um logro inicial indica que uma análise fornece um quadro onde possam acontecer deslocamentos orientados nos diferentes registros do logro. Esse logro nada mais é que o que leva-a-dizer; a busca da verdade, sem dúvida, como assumindo a forma de um "quero saber algo que não sei". Onde se introduz a suposição do saber: "que não sei... mas que o Outro sabe". E é o percurso de uma análise que dará a esse sujeito suposto saber seu estatuto de ficção, não sem que o analista, primeiro instalado no lugar do Outro, apareça em posição de tenente-lugar [*tenant-lieu*] do objeto a. Equivale dizer a dessimetria essencial dos dois protagonistas da transferência: a suposição de saber como ficção que o analista torna possível comporta para o analisando efeitos de Real, até e inclusive quando vem o tempo da dessuposição. Isso também quer dizer que a ficção não é tanto um produto, um resultado, no sentido de que, por exemplo, se diz de um escrito ele é uma ficção, mas bem mais um registro, um processo ou uma operação.*

(3) ... a noção mesma de ficção é criticada por alguns, no que ela seria obstáculo ao discernimento, pelo analista, de seu lugar de objeto *a*, e obstáculo a qualquer teorização rigorosa de tal lugar; a ficção seria para esses uma espécie de esconderijo, pedestal ou mausoléu onde o objeto seria posto a salvo da queda. Esse registro da ficção como extensão simbólica serviria à manutenção do objeto, indefectível, em seu lugar...

Trata-se, permanecendo na problemática da transferência, de articular duas dimensões: a do analista como objeto *a* e a do sujeito suposto saber como ficção.

O sujeito suposto saber é uma ficção. Contudo, não é suficiente enunciá-lo dessa maneira, e o dispositivo do Traço do caso lhe confere uma fórmula mais elaborada: o sujeito suposto saber é uma ficção, para o analista, para o qual não é eticamente desejável que perca de vista essa dimensão. Para o analisando, contudo, os seus efeitos são bem reais, quer dizer, nada menos que fictícios até o final do percurso.

Até o final do percurso, diríamos, o analista como objeto *a* não é exatamente uma ficção. O que inscrevemos no registro da ficção tem a ver

---

[3] Bernard Brémond, "À propos du Trait du Cas", *Travaux 89/97* do Groupe d'étude, documento interno, 1990.

com a queda e com o desprendimento; o objeto que cai é o objeto marcado pelo signo da ficção.

(Diferentemente da ficção) o semblante [*semblant*] é bem indicado por esse aspecto do Traço do caso designado como "fator comum": claro que o "comum" para o analista e o analisando é "de fingimento". É assim com o semblante, que, tão logo situado, se revela separador; é como oculto que é comum. Exposto, esse semblante "implode" para dar lugar à separação...

Resta que nenhuma demonstração teórica poderá provar a distinção semblante/ficção enquanto opera em nosso trabalho, pois ela reside num efeito de enunciação e não em um enunciado... o essencial sem dúvida continuará a escapar aos enunciados que poderemos dar dele, e o edifício continuará a fazer água...

.... se o sujeito suposto saber é uma ficção em jogo para o analisando sem que ele o saiba, o Traço do caso é uma ficção para aquele que está incessantemente na tarefa de se tornar novamente analista; cada um, no processo de construção/desconstrução de sua relação com o Outro (-Phi) integra, ou passa por um ou por significantes (que barra(m) o sujeito): cartel, Passe e, por que não, Traço do caso.

O conceito de ficção (de fingere*: dar feição) é, pois, aqui evocado como uma modalidade original de articulação do simbólico e do real. A ficção no dispositivo é exatamente o que vem suprir a função do imaginário na operação de advinda do desejo de analista, na qual o imaginário se encontra bordejado graças à hipótese da castração.*

(4) O emprego desse termo "ficção" no campo da psicanálise freudiana, tal como Jacques Lacan atualizou sua formalização e sua metapsicologia, se liga às relações particulares que esse campo mantém com a noção de verdade, visto que tal noção escapa à linguagem. Ela escapa à linguagem, mas também escapole da linguagem, como Freud mostrou particularmente bem na sua *Psicopatologia da vida quotidiana*, essa obra aparentemente tão

[4] Claude Dumézil, "La fiction, um concept opératoire?", *AFP*, nº 5, Cahiers de l'association, maio-junho de 1993.

simples que tanto contribuiu para passar ao público a presença e a noção mesma de inconsciente.

A referência ao inconsciente autoriza precisamente uma acepção da noção de ficção um pouco fora de compasso com as definições do dicionário, que, da simples mentira à imaginação – opostas à verdade assim como à realidade –, conduzem ao uso mais corrente, o de uma "criação da imaginação em literatura". Os juristas assim fazem da ficção um conceito operatório: "método", dizem eles, que consiste em supor um fato ou uma situação diferentes da realidade para que dali se possam deduzir as conseqüências. Definida dessa maneira, a ficção intervém para fazer existir um ser abstrato ou uma noção: dizer, por exemplo, que o príncipe é uma ficção da lei testemunha a relação entre a ficção e o símbolo. Dizer que a adoção é uma "ficção da paternidade" não significa em absoluto a mesma coisa que: a adoção é um "semblante" ou uma "ilusão" de paternidade.

A ficção é um operador abstrato que faz existir logicamente: indica um lugar em um raciocínio, sem ocupá-lo no entanto. A falta que surge daí desfaz o logro do idêntico, até mesmo de uma equivalência em um processo de pensamento. Dando sinal ao sentido, favorece uma suspensão da significação, abre um espaço para o jogo dos significantes, possível antídoto à fixidez dos sintomas.

O filósofo da linguagem lembra que "a ficção surge no intervalo entre o contexto enunciativo do enunciado e o enunciado em si: para se poder falar de uma entidade fictícia, deve-se necessariamente fazê-lo como se ela fosse real. Essa necessidade, gramatical, indica que a ficção é um artifício sem o qual a linguagem [...] não conseguiria existir".

A ficção, como entidade, mantém vários laços nada contingentes com a "realidade" e a "verdade", por um lado, e a linguagem, por outro.

A atualização da ficção como conceito operatório se fez de maneira progressiva a partir de um grupo de trabalho sobre a prática da análise e de uma reflexão sobre a maneira como as contribuições de Lacan, não só teóricas, mas também institucionais – os cartéis, o passe, o tratamento do escrito numa revista como *Scilicet* –, poderiam servir para esse trabalho sobre a prática. O apagamento do nome dos autores de artigos de *Scilicet*, a função subversiva de uma nomeação no procedimento do passe, a matematização do pequeno coletivo denominado cartel, com a noção de mais-um, estimularam a busca e em seguida a instalação de um dispositivo, um observatório, um quadro rigoroso para esse trabalho.

Esse "observatório da conjuntura transferencial", que permitia esboçar uma "psicopatologia da prática cotidiana" (segundo a expressão de Bernard Brémond), remetia o tempo todo a uma questão central: o que acontece com a ética freudiana de um sujeito, analista, quando acaba para ele sua prática de analisando? O dispositivo será testemunho de sua eficiência como meio de formações... permanentes do inconsciente do psicanalista, graças a um significante, a um nome, que põe em jogo uma ficção, o "traço do caso".

Trate-se da condução de uma cura, de um controle ou de um dispositivo sobre a prática analítica, encontramos a ficção de maneira aparentemente contraditória, mais ou menos como a transferência é ao mesmo tempo um elemento motor da análise, mas também de resistência à cura. Em um ou outro desses percursos opera-se um movimento duplo, de escavação e de apoio, de construção e de desconstrução, de subjetivação e de destituição subjetiva. Para exprimir como a ficção suporta essas necessárias contradições, digamos que ela *é* a contradição em si, ao mesmo tempo do lado dos apoios conceituais bem amarrados na medida em que é produtiva (havíamos falado de extensão simbólica), e do lado da falta, do buraco, da castração, o que da mesma maneira deixa que se a escreva Phicção, ou melhor -Φcção (com um Phi grego antecedido do sinal de menos).

Eu havia inicialmente contraposto a ficção, extensão simbólica, à ilusão, como um tapa-buracos do real e do semblante como extensão imaginária. Esse ponto de vista só levava em consideração o aspecto "sobreprodutivo" da ficção, sem levar em consideração sua característica decapante: responde por uma maneira de enodar, na linguagem, as categorias lacanianas do Real, do Simbólico e do Imaginário. O Imaginário se refere ao corpo e ao narcisismo; o Real mais especificamente ao sintoma, enquanto que um significante, uma fala "alíngua" [*lalangue*] é simbólica. Condensação de planos e de nós borromeanos, a ficção é útil para falar da abertura de determinada topologia do sujeito. De certa maneira, os gráficos, matemas e figuras topológicas de Lacan integram no discurso a ficção da verdade tratada como saber.

Em seu seminário sobre a transferência, Lacan opõe o aspecto fundamentalmente parcial do objeto, na medida em que é pivô do desejo humano, a uma ideologia do objeto total, do *todo* do (O)outro. Dessa maneira, a ficção pode também ser considerada como cintilação do *agalma*, objeto parcial, chave do desejo. Lembremos essa formulação mais antiga (1951) de Lacan: "A transferência nada tem de real no sujeito a não ser o surgimento dos modos permanentes segundo os quais ele constitui seus objetos. O que é, então, interpretar a transferência? Nada mais nada menos que preencher com um logro o vazio desse ponto morto. Mas esse logro é útil, pois, mesmo enganador, relança o processo". Tal logro não se origina nem numa ilusão nem no semblante.

O imaginário é o que vem amplificar-se sob o efeito da demanda e da necessidade de ocultar a falta no Outro. Não é à-toa que imago *significa não só a imagem, mas o retrato, mais precisamente o retrato do ancestral, a sombra do morto.*

A ficção, ao contrário, é o que dá a percepção da capacidade do desejo de operar uma figuração da relação com o objeto a.

(5) O que o psicanalista encontra, ao mesmo tempo como demanda e resistência, pertence ao rol do *too much*, da extensão. Tratar-se-á de ilusão como extensão do real, de semblante como extensão do imaginário, de ficção como extensão do simbólico.

O psicanalista, embarcado, deve navegar entre esses arrecifes – é a maneira peculiar de construção da realidade em psicanálise. O sintoma, como o jogo, e a cultura, às vezes filtrada pelo esquecimento, devem sempre ser buscados do lado dessas extensões. A verdade, cujo meio-dizer estrutural Lacan sublinha, não tem outro sentido em psicanálise: nada mais é que uma construção inacabada, imobilizada às vezes por uma afirmação mentirosa, de uma certa maneira fracassada. A psicanálise fracassa ao tomar o lugar do ideal e mais ainda o de uma ideologia, ao contrário da ciência...

[...] Que o simulacro traga para a cena o semblante, isso é facilmente discernível em sua forma extrema: é particularmente a extensão imaginária dos histéricos.

---

5 Claude Dumézil, "Les raisons d'um séminaire", *Le Trait du Cas, op. cit.*

Que a vertigem traga para a cena a ilusão, é a extensão compulsiva, obsessiva do alcoolista, do drogado ou do maníaco sexual, agindo suas miragens de gozo e de morte.

Que a chance ou a competição tragam para a cena a ficção origina-se de dois aspectos complementares de uma mesma extensão simbólica, considerada em sua relação com uma ética codificada, calculada pelo desafio que, da pista olímpica ao pano verde, sustenta os dois fios de um único traço de desejo masoquista, em seu reluzir, moral ou imoral, mas igualmente enganador, de uma medalha ou de um dobrar a aposta.

Freud, já com o conceito de figurabilidade, Rücksicht auf Darstellbarkeit, *havia aproximado essa capacidade do desejo de talhar o objeto desejado, de maneira que, quando essa problemática foi retomada por Lacan, ele pôde ligá-la diretamente à questão da verdade: a presentificação do desejo, sua colocação em cena, que é a verdade do sujeito, tem uma estrutura de ficção. Não poderíamos esquecer, entretanto, as observações de Goethe em sua autobiografia,* Dichtung und Wahrheit*, *na qual tal laço da verdade com a ficção põe em evidência quanto esta está do lado da criação e da* poïesis: *ela abre acesso a uma categoria de experiência "oposta à experiência que ela toma por objeto"; ela toma sua pertinência não do que exprime, mas da possibilidade que abre, traçando "um itinerário incerto em direção a um ponto a partir do qual um começo é talvez possível" (essas duas últimas citações são de D. Gunn, em* Analyse et fiction, *ed. Denoël).*

A incidência dessas distinções na prática da cura incitou, por um lado, a colocar em perspectiva a dimensão da ficção com o que Freud chamava de "as construções na análise" e a articular, por outro lado, a ilusão, o semblante e a ficção junto com as categorias freudianas da repetição, da rememoração e da elaboração.

(6) Encontradas ou criadas pelo sujeito, no curso de sua história assim como no decurso da cura, essas extensões – como as orçamentárias, ou as de

---

* No Brasil: *Poesia e verdade*, UNB, 1987. (NT)

6 Bernard Brémond, "Pas toute la vérité", em *Le Trait du Cas, op. cit.*

fio elétrico... – sustentam sempre uma tentativa de "unir os extremos"; elas constituem numerosas exibições, felizes ou infelizes, ternas ou ardentes, de efeitos de linguagem e de inconsciente, efeitos de privação, de frustração e de castração.

As categorias lacanianas do real, do simbólico e do imaginário, e seu enodamento, tornam possível a distinção desses três tipos de extensão, distinção que vem também sustentá-las. Quanto aos mecanismos psíquicos que as põem em jogo, serão identificados em Freud sob o nome de "Repetição, rememoração e elaboração", segundo o título do artigo de 1914. Reparemos que, no início desse artigo, Freud não cita, em absoluto, as modificações na técnica da psicanálise para critérios de eficácia terapêutica, como foi em seguida tão freqüentemente feito. Tais modificações, sobre as quais ele diz que "nunca é demais lembrá-las o tempo todo aos estudantes de psicanálise", representam, nesse artigo, momentos sucessivos de elaboração da técnica que a aproximam sempre mais das características de seu objeto. Contudo, é possível, com a ajuda das distinções aqui sugeridas, considerá-las mais como testemunhos de momentos estruturais que cronológicos, que dão conta das várias facetas da transferência e das diversas "extensões" que ali são sucessivamente colocadas.

Inscreveríamos a ilusão no campo da repetição: o objeto não está perdido, nunca se perdeu. A colocação em ato repetitiva vem tentar assegurar a perenidade dessa "extensão do real", e isso até à vertigem, que encontra sua conclusão no "o gozo ou a morte". Quanto à transferência, lembraremos com Freud o período do tratamento hipnótico e a "dissociação" mantida no paciente entre a situação anterior e a situação atual, nunca confundidas. Mesmo que seja ilusão, a transferência hipnótica lida ainda com o domínio consciente dos processos inconscientes. A hipnose está hoje na moda quando se trata de perder uns quilos a mais, ou para parar de fumar... A ilusão, "que destrói por um instante a estabilidade da percepção e inflige à consciência lúcida uma espécie de pânico voluptuoso", tem algo a ver com essa "identidade de percepção" às vezes atualizada na transferência: uma verdade histórica apresenta-se aí como "verdade material" de onde a dimensão de tempo é provisoriamente excluída.

Por mais paradoxal que isso possa parecer, o semblante encontra seu lugar na rememoração, no que esta oferece uma possibilidade de reencontros com o objeto: ele não esteve sempre perdido e talvez não o esteja para sempre. A memória e a evocação das lembranças tornam possível a produção de uma identidade (identidade de pensamento freudiana?) que anula as diferenças, operação esta que abre, na atividade consciente ou inconsciente, para todos "os fazeres de conta" [*faire semblant de*]. A rememoração não é suficiente para fazer uma análise: contar suas lembranças e seus sonhos leva também ao amor, à transferência... sem análise. Ainda se trata do campo da ab-reação, no sentido utilizado por Freud, ou da transferência dita imaginária por Lacan.

Que não se possa encontrar nada mais que substitutos, equivalentes – o objeto sempre esteve perdido – temporários é, sem dúvida, o ponto extremo da elaboração visada nesse artigo de Freud: a elaboração é o que permite passar para outra coisa. Propomos que o que sustenta essa elaboração, e ao mesmo tempo o que ela produz, são "ficções", transitórias, que permitem um certo percurso, terminável. Freud conclui seu artigo falando da transferência como um "domínio circunscrito"; nós o entenderemos como a ficção que torna possível o dispositivo analítico:

"Conseguiremos certamente dar a todos os sintomas mórbidos uma significação de transferência nova e substituir (a) neurose comum por uma neurose de transferência... A transferência cria, dessa maneira, um domínio intermediário entre a doença e a vida real, através do qual se faz a passagem entre um e outro. O estado recentemente criado tomou todos os aspectos de uma doença artificial em todo o canto acessível a nossas intervenções. Ao mesmo tempo, é uma fatia da vida real... que tem um caráter provisório".

Como melhor indicar que a transferência não é uma ilusão que se abriria tão-somente para a repetição indefinida de uma confrontação fracassada com o real, nem um semblante que autorizaria a realização imaginária das relações de alienação oriundas da história de um sujeito? Ela tem coisas tanto de uma como do outro; mas houve uma novidade. A ilusão deixa o sujeito encadeado ao real, ao semblante, ao outro. A ficção não é mais verdadeira, ou mais real: ela permite passar.

A ficção permite que se coloque em jogo esse ponto: o fantasma, logo do surgimento do desejo, tem o poder de fazer surgir no campo da representação o que justamente o excede, e esse poder, que nada mais é que o poder da criação, particularmente a artística, mobiliza o nó borromeano, que de quatro anéis passa a cinco: Real, Simbólico, Imaginário, Sintoma e Ficção.

Até há pouco, nós sem dúvida entendíamos o trabalho da figuração, no momento do surgimento do desejo, como um trabalho do Imaginário, no entanto trata-se, se prestarmos atenção, de um trabalho de uma categoria totalmente diversa, impensada até essa referência tomada na ficção: esta, os textos precedentes o precisam, não é uma produção do Imaginário e, conseqüentemente, da demanda. Trata-se de uma produção, em ato, melhor ainda, um processo que surge junto com o advento do desejo e a assunção da castração, de maneira que a criação não é para ser pensada do lado do imaginário nem do sintoma, mas do lado da figuração do desejo.

Quando o desejo sexual passa do sectare *ao* secare, *algo da assunção da castração se opera, com o resultado de fazer surgir o trabalho da ficção. Na cena analítica, a ficção opera então como subversão da repetição: o psicanalista tem mais o encargo de viajar com o logro do que de tentar conseguir sua erradicação. Do lado do analisando, a ficção representa a chegada do objeto segundo a ética freudiana, com a destituição subjetiva que se segue quando o objeto não mais mantém as promessas com que o sujeito mesmo o havia ornado; do lado do analista, "designar sem ocupar" esse lugar que sempre foi o do objeto não anda sem esse des-ser [*desêtre*] que atinge aquele que havia temporariamente dado crédito ao semblante, pelo tempo de um percurso que ele não domina.*

(7) ... A pergunta que me faço neste instante é se essa problemática do luto não está mais ou menos sempre presente em qualquer análise. O paciente apresenta-se, no início da análise, prisioneiro do semblante, da repetição e de uma espécie de desordem dos significantes. A análise realiza uma reescrita desse significante e desemboca, em princípio, numa renúncia a um fantasma de totalidade. Então há aí, em toda análise, um luto a ser feito...

O conceito de falo surge aqui ao mesmo tempo como representante ligado, articulado com o objeto *a*, e ao mesmo tempo ligado e articulado com o significante. Não creio que nesses casos, mas é uma observação ligeira, o analista tenha sido colocado em posição de falo, mas numa posição

---

7 Claude Dumézil, "De l'objet perdu au supposé objet", *AFP*, nº 13, L'Harmattan, outono de 1996.

que tem a mesma função, a função de passarela entre o objeto e o significante. De qualquer maneira, o analista teria ocupado o lugar de falo imaginário, suporte da cadeia significante, simbólica...

Quanto a mim, fiquei bem mais à vontade quando aceitei a idéia de uma posição feminina minha em relação a alguns pacientes homens. Por muito tempo, pensei que era melhor analista com as mulheres e, a partir do momento em que integrei essa posição feminina do discurso analítico, minha posição na transferência, que se tratasse de homem ou de mulher, tornou-se equivalente. Fui levado a atribuir essa equivalência ao caráter do desejo de analista de ser disjunto da libido, e acho, então, que há uma posição feminina que não está sob uma aura libidinal, que, então, se trata, com efeito, de matema da sexuação, não do gênero feminino ou masculino, mas de virilidade ou feminilidade. Isso é uma coisa, mas o paciente tem todo o direito de fantasiar. O analista, por sua vez, se lembrará do comentário de Lacan em seu seminário (*Encore*, Le Seuil, p. 34) sobre o que é um homem e o que quer uma mulher. Numa acepção deslocada da função-analista, poder-se-ia dizer que um paciente procura um analista como um homem procura uma mulher, "a título do que só se situa pelo discurso", pois "a mulher não é toda e há nela algo que escapa ao discurso". Ao passo que o homem nada mais é que um significante, uma mulher procura um homem a título de significante. Forçando um pouco, o(a) paciente seria "puxado(a)" do lado masculino e o analista, do lado feminino.

Essa formulação é, sem dúvida, para ser entendida no âmbito da "ficção", termo cuja importância menciono, há uma década, entre os diversos registros nos quais o logro age como "via de acesso à verdade na cura"; Bernard Brémond, no "Traço do caso", insiste nos dois aspectos operatórios da ficção: sustentaria a elaboração, enquanto o semblante se inscreveria do lado da rememoração e a ilusão, no da repetição. Por outro lado, não como a ilusão, que deixa o sujeito encadeado ao real, e não como o semblante, que o deixa encadeado ao outro, a ficção, diz ele, não é mais verdadeira ou mais real: "ela permite passar". Tais hipóteses não contradizem a metapsicologia de Freud. Lemos, em *Luto e melancolia*: "O homem não abandona de bom grado uma posição libidinal, mesmo quando há um substituto a lhe sinalizar... O normal é que o respeito à realidade vença. Entretanto, a tarefa imposta por ela não pode ser cumprida logo... Ela exige um alto gasto de energia, de investimento e, durante esse tempo, a existência do objeto perdido prossegue psiquicamente... A libido, ligada ao objeto, destacar-se-á à custa de um doloroso compromisso no qual se conclui o mandamento da realidade. O Eu volta a ser livre e desinibido". É do lado do compromisso necessário à libertação do Eu que interviria, talvez, na transferência do sujeito em luto, a ficção do suposto-objeto.

Teremos compreendido que essa dimensão da ficção, por sua maneira de pôr em jogo o lugar do sujeito no relato, permite que se trate de outro modo o "mal-entendido" que é o ponto de partida tanto de uma análise quanto de qualquer "formação" do psicanalista. Não é, pois, um acaso que o ato analítico, visto dessa maneira, venha a resultar no surgimento de um significante novo, no surgimento de um "novo sujeito", daí para a frente tomado pela obrigação da criação.

Em ressonância: *A sombra de uma dúvida*

Capítulo 3
Dispositivos

Levando-se a sério o enunciado de Jacques Lacan, que declara que não há formação do analista, mas somente formações do inconsciente, isso acarreta diversas conseqüências: em primeiro lugar, que nenhum ensinamento poderia "formar" um analista, sobretudo sabendo-se que o analista é uma formação do inconsciente; em seguida, que a chamada análise "pessoal" ou mesmo "didática" não seria suficiente para tanto, pois não dá para perceber por que não mais haveria formações do inconsciente após o fim de uma análise, mesmo que ela tivesse sido conduzida a seu termo. Esta é a razão do retorno incessante dessa questão: o que acontece com a ética freudiana de um sujeito quando ele encerrou sua prática de analisando em divã? Freud respondia a essa pergunta preconizando, para o analista, a volta ao divã, "uma nova fatia", a cada cinco anos. A invenção e a elaboração de dispositivos, aqui precisamente qualificados "de instituintes", têm como finalidade propor aos analistas modalidades de trabalho diversificados que não sejam contraditórias com a experiência da cura e a ética da psicanálise. Se não há "ser analista", como pode um sujeito voltar a sê-lo cada vez que é chamado a isso, por um outro?

[1] *O inconsciente é transmissível*

O que é uma invenção, para um psicanalista? O embaraço do próprio Freud para definir um modo de ensino relacionado ao inconsciente,

---

1 Robert Lévy, *Le désir contrarié*, Toulouse, Érès, 1999 [Tradução brasileira: *O desejo contrariado*, Rio de Janeiro, Companhia de Freud, 2004].

assim como o aforismo de Lacan que, face aos impasses da transmissão, responde com a necessidade da invenção, nos convidam a essa pergunta.

Cabe a cada um fazer a prova, a prova do inconsciente pela cura, é a solução preconizada por Freud. O inconsciente existe, e a associação livre, que consiste em dizer tudo o que vem no quadro de uma cura padrão, permitirá seu reconhecimento.

A cura foi, dessa maneira, promovida ao posto de "instituição mínima" do transmissível: "Freud, inventando a psicanálise, introduziu um método para se detectar um rastro de pensamento ali onde o próprio pensamento mascara seu reconhecimento. De outro modo que o rastro o designa".

A *talking-cure* aparece, de cara, ao mesmo tempo como o instrumento terapêutico das psiconeuroses e o dispositivo de transmissão aos alunos, sem o qual "sua frieza com relação ao inconsciente não poderia ser abordada".

Desde então, a cura padrão tem função de dispositivo no sentido de que representa o conjunto dos meios postos em operação para que o postulante se torne analista em decorrência da experiência de seu próprio inconsciente.

Nessa época, não é o caso de se testemunhar seja o que for, mas de aplicar o método psicanalítico.

Dessa maneira, a instituição freudiana se abisma numa análise didática e, conseqüentemente, na necessidade de lhe conferir normas.

O desejo do analista é transmissível

É exatamente sobre esse assunto que Lacan faz seu primeiro reconhecimento de fracasso em 1967. Ele rompe o encanto mantido até então pelos pós-freudianos, que pensavam que a análise didática seria um dispositivo de transmissão suficiente.

Mesmo que a prova do inconsciente seja necessária, ela não basta mais para instruir o analista. A crítica que Lacan faz das normas da análise didática segundo a IPA é radical: "A qualificação de psicanálise pessoal, pela qual se acreditou poder melhorar a análise didática, nada mais é que uma confissão de impotência na qual se denuncia, na forma do lapso, que a psicanálise pessoal é, efetivamente, bem pessoal, mas para quem a dirige".

Assim, diante dessa constatação de fracasso, Lacan vê-se "forçado" a inventar um novo dispositivo, que permita não apenas se fazer a prova do inconsciente, mas transmitir a outros como houve análise para um sujeito. Para isso ele postula que nem o analisando nem seu analista estão em posição, durante uma cura, de poder testemunhar diretamente.

Desde então, a didática é remetida exclusivamente à questão de saber se houve análise ou não; ou seja, uma alternativa: ou toda análise é didática ou não aconteceu análise alguma! Lacan tenta, então, resolver o problema da formação do psicanalista, que até aquele momento se formulava em termos de conformidade, por uma invenção: o Passe. O novo dispositivo é constituído por passante, passador e júri.

Graças ao procedimento do "discurso indireto" que ele introduz no cerne desse dispositivo (o passante se dirige ao passador que transmite ao júri), Lacan abre a ocorrência de um saber sobre o desejo do analista.

Com o Passe, dispositivo em que estão incluídos o passante e seu analista, ele entrevê que se possa enfim saber algo, não mais somente sobre o inconsciente nem mesmo sobre a transferência, mas sobre a ou as teorias da transferência que operam numa cura.

A análise é intransmissível

Doze anos são suficientes para que a manutenção dessa nova experiência seja coroada por novo fracasso: "É claro que esse Passe é um fracasso", constatação indissociável de seus dois complementos enunciados um ano mais tarde, por ocasião do congresso sobre a Transmissão: "A análise é intransmissível", e "é bastante desagradável [*ennuyeux*] que cada analista se veja forçado, pois deve sê-lo, a reinventar a psicanálise".

Encontramo-nos então cara-a-cara com essa seqüência lógica que nos demonstra que cada fracasso da transmissão encadeia o ato de produção de um novo dispositivo.

O Ics é transmissível	*Associação livre* Fracasso freudiano da análise didática	Dispositivo da cura

O desejo do analista é transmissível	*Discurso indireto*	Dispositivo do passe
A análise é intransmissível	fracasso lacaniano do Passe	Forçamento à reinvenção

Se a análise é intransmissível, o que se trata de reinventar? Excetuando-se qualquer plágio ou modelo, o analista é obrigado a um certo engajamento na relação com seu ato. Tal é sua função. O intransmissível leva-o a fazer o luto da possibilidade de que a análise pudesse ser do registro da ciência, no sentido de que seu objeto seria inteiramente transmissível.

A ciência não cai sob o conceito de lógica do significante. Ora, essa lógica do significante, que agencia o sujeito do inconsciente, é precisamente o que torna a psicanálise intransmissível, ou não integralmente transmissível. Efetivamente, a partir de uma hipótese latente, segundo a qual a verdade é calculável, Lacan adota como operador o modelo matemático de funcionamento na série dos números inteiros naturais e o aprofunda em todas as suas implicações. Só a partir dessa hipótese é que o objeto pode ser representado como letra e se apresentar no âmbito da verdade como letra oferecida ao cálculo. Dessa maneira, o que no real é ausência pura e simples encontra-se, pelo fato do número, notado por 0 e contado como 1. É a partir do trabalho de Frege sobre "a operação sucessor", que consiste em obter um número que segue *n* acrescentando-lhe uma unidade *n'*, obtendo-se o sucessor de *n* igual a *n+1* (um a mais para Lacan), que se encontra a função do sujeito tal que no lugar da falta ela está marcada pelo zero como número.

Estando excluído, o sujeito, não idêntico a si, inclui-se pela própria insistência das marcas a repetir-se incessantemente como +1. De 0 a 1, em seguida indefinidamente de *n* a *n+1*...

Em outras palavras, há um "mais" na lógica do significante, uma espécie de excesso em que o zero está na mesma relação com a seqüência dos números que o sujeito com a cadeia significante.

Tal é a razão pela qual devemos manter juntas as definições que fazem do sujeito o efeito do significante e do significante o representante do sujeito em uma relação circular, mas não recíproca.

É bem aí que surge o primeiro "forçamento", que se relaciona com o que Lacan ressalta em Freud como repetição forçada, *Wiederholungszwang*, quando deseja conferir seu estatuto definitivo ao conceito de sujeito do inconsciente.

Há uma lei, constituinte do próprio sujeito, que é a repetição, e essa estrutura é isomorfa à da cadeia significante.

Trata-se de uma idéia central, que situa o sujeito do inconsciente na única ocorrência em que pode se fazer conhecer, isto é, como causa da repetição. Assim, posta a relação intrínseca do sujeito com essa repetição, temos que avançar em direção à sua relação com o ato que, como a repetição, supõe um efeito de retroação: "O ato é, em si, precisamente, o equivalente da repetição. Ele é essa repetição em um único traço que indiquei há pouco como esse corte possível de se fazer no centro da Banda de Moebius. Ele é, em si mesmo, dupla volta do significante". A importância dessa demonstração é deixar claro que a única maneira de apreender o sujeito do inconsciente está no ato: momento único em que ele equivale ao seu significante.

Dispositivo sobre a prática: passagem ao público

Dessa maneira, o "desagradável, bem desagradável" ao qual Lacan alude se refere à repetição na qual o analista se vê preso, sem outra esperança de escapar a não ser pelo forçamento em que seu desejo o (re)presente no momento do ato que faz para se comprometer em respondê-lo.

Assim, (re)inventar a psicanálise consiste, para cada analista, em realizar essa operação: (re)nomear a psicanálise de Freud de tal maneira que os significantes de seu desejo sejam enunciados por esse mesmo ato, fazendo-os "passar ao público".

Tal operação não deixa de exigir dispositivos, na medida em que a cura e o Passe, vimos isso, são necessários, mas insuficientes. Talvez devam ser agora completados por um terceiro dispositivo, que volte mais especialmente a questionar a análise de controle, o que Lacan não teve tempo de fazer, mas que mesmo assim aparece na seqüência lógica de seu ensino.

Dispositivo instituinte

A ata fundadora inova: enoda o Passe, os dispositivos sobre a prática e um protocolo institucional (o que chamamos familiarmente de "tripé"). Cada uma dessas modalidades, de colocação a trabalho do inconsciente do analista e de trocas entre analistas, ambiciona favorecer uma dimensão instituinte mais que o estabelecimento instituído, numa dinâmica que ponha em perspectiva o saber, sobretudo inconsciente, com "a paixão da ignorância".

[(2)] O que se pode esperar de um dispositivo instituinte é um questionamento nunca obsoleto do antagonismo entre o eu e o sujeito no *après-coup* das análises mais adiantadas. Uma associação, através de suas engrenagens ou de seus procedimentos, não pode funcionar como dispositivo instituinte porque, segundo uma feliz fórmula de Moustapha Safouan, ali sempre prevalecerá o imaginário dos eu que a compõem.

Mas o que é um dispositivo instituinte?

Em junho de 1988, fiz a seguinte distinção entre moldura e dispositivo: "A moldura marca contornos, limites. Evita transbordamentos, define um espaço. No entanto, enquanto moldura, nada produz nesse espaço. A moldura emoldura. Nesse sentido e socialmente, moldura convoca moral, legislação, estatutos. A moldura é defensiva relativamente ao objeto. É necessária, entretanto, para marcar as condições de um escape transferencial, performativo. Sua pertinência, contudo, real ou imaginária, cessa ali onde se espera o simbólico. Trata-se, ao contrário, de uma dinâmica da performance que é conveniente colocar sob o signo do dispositivo. O dispositivo é ofensivo, encontra seu motor em um colocar em jogo a diferença, a alteridade [no sentido de S(A)]. Os protocolos que lhe permitem encontrar sua pertinência num colocar em perspectiva uma ficção que legitima o fracasso de um fazer ou um dizer solidamente ancorado num semblante de realidade".

---

2 Claude Dumézil, "Remarques sur la place et la fonction des dispositifs instituants dans une association pour l'analyse freudienne" [Notas sobre o lugar e a função dos dispositivos instituintes em uma associação para a análise freudiana], *Travaux 89/97* do Groupe d'étude du Trait du Cas, documento interno.

Um dispositivo é instituinte quando permite que se produza para um dos protagonistas (participante, candidato...) uma modificação de sua posição enunciativa, um levantamento de censura ou recalque, uma fala ou formulação do inconsciente que produza interpretação. Em seu seminário sobre o Ato analítico, Lacan fala de uma "conversão do Sujeito em sua relação com o saber". Instituinte deve ser entendido na dialética instituição/destituição, pois é nesse duplo movimento que se reescrevem as determinações significantes que vêm permitir tal conversão.

Trata-se da formulação de uma nova ética do sujeito, identificável na modificação de sua captura na estrutura linguageira e nas suas relações defensivas com a falta, tais como o recurso às diversas "extensões" com que repetitivamente protege seu eu, da ilusão ao semblante, do semblante à ficção, até que um dispositivo, então chamado de instituinte, permita que possamos escrevê-lo (-)phicção. Esse termo tem valor de conceito operatório, operador abstrato do qual um sujeito-suposto-saber é o suporte (durante certo tempo, o analista), designando, sem ocupá-lo, um lugar a partir do qual constrói-se ou completa-se a lógica significante própria de um sujeito, numa dialética de desconstituição/reconstituição.

Instituinte, contudo, opõe-se a "nomear para um cargo" e se distingue do adjetivo institucional. O que é institucional nunca é, por causa desse único motivo, instituinte no sentido de colocação em ato da realidade do inconsciente ou dos efeitos de Sujeito. Daí a inadequação radical entre procedimentos institucionais e trabalho de doutrina; e o sentimento de fracasso de Lacan relativo ao Passe talvez encontre aqui sua razão: foi um trabalho de doutrina que o conduziu a propor o Passe, não o contrário. Seus seminários semanais eram sem dúvida, para ele, instituintes; o Passe não, que decorre deles e cuja função instituinte, defasada de seu objetivo científico, não foi reconhecida na EFP e tem muita dificuldade de ser admitida como tal em nossos dias.

O procedimento aguarda da jurisdição um saber para tratá-lo como verdade. O dispositivo não impede que ecloda em um sujeito a ficção de sua verdade, deixando a esperança de que esta permita mais tarde, em outro tempo, outro lugar, uma elaboração de saber.

O que se deve esperar hoje de uma associação para a análise é que sirva de suporte para dispositivos instituintes, os cartéis, o Passe e outros dispositivos que possam "tratar toda questão habitualmente ocultada" pela noção de análise didática e, eu acrescentaria, pela entrega de um título de analista. Um dispositivo de prática sobre a prática vem naturalmente ao pensamento como "dispositivo outro" que o Passe. Não se cometerá o erro de fazer dele um procedimento. Tendo a associação para a análise permitido que se instalem dispositivos, sem nada esperar em troca...

Cartel

(3) É como significado que encontramos, na ata de fundação da École freudienne de Paris, a primeira referência ao significante de Jacques Lacan "cartel".

21 de junho de 1964. O módulo está definido: um pequeno grupo de pelo menos 3 e no máximo 5, mais uma pessoa. Está fixado o objetivo: um trabalho submetido a um controle externo e interno. A tarefa do "mais-um" é precisada: seleção, discussão e o destino a ser dado ao trabalho de cada um.

Embora o fundador da EFP sinalize que tem um nome para dar a esses grupos, ele adia seu anúncio. O significante "cartel" só aparece em uma "nota anexa" à ata de fundação, texto complementar, guia do usuário que compreende sete pontos.

É no quinto dispositivo, dito do "engajamento na escola", que a palavra é oferecida na virada do primeiro parágrafo: "O grupo constituído por escolha mútua, *e que se chamará cartel*, apresenta-se à minha aprovação com o texto do trabalho que cada um pretende desenvolver".

Certidão de nascimento e nomeação estão, pois, dissociadas na passagem de um texto a outro. Concebo essa defasagem não apenas como um efeito de autor, mas como uma intervenção, uma palavra de analista. Assim como a interpretação analítica não é explicativa, o novo significante que o módulo institucional novo supõe, chamado cartel, não é totalmente o nome da coisa inventada.

---

[3] Claude Dumézil, "Du cartel dans le champ de l'analyse freudienne", *Tribune* 2, revista dos CCAF, 4º trimestre, 1986.

Sendo praticante experiente do inconsciente freudiano, Lacan põe em funcionamento separadamente o significante e a coisa, assegurando dessa maneira, ele o espera sem dúvida, por bastante tempo, que nenhuma das funções da coisa, mesmo definidas, escapará a uma dimensão de equivocidade ou até mesmo de enigma, propício a tais funções no grupo analítico instituído. A decorrência disso na realidade é outra história, que deveremos considerar seriamente tanto para o presente como para o futuro.

No fio desse preâmbulo, proponho-me a organizar minhas observações segundo duas diretivas, cada uma reportando-se a um dos dois aspectos solidários e inseparáveis do cartel, visto simultaneamente: como módulo institucional para a análise e como módulo analítico para a instituição.

É da dissociação dessa dupla visada que me parece resultar a perda de toda a especificidade do cartel, com sua redução a um grupúsculo banal submetido às leis de um grupo e propício aos conhecidos usos políticos.

A. Observações sobre a polaridade institucional do cartel

Ela é claramente indicada, lembramos, na ficha de estado civil do cartel. Não importa que antipatias pessoais existam a respeito da vida associativa, e ainda mais, talvez, por estarem mais marcadas, não é possível ter em vista duradouramente, fora da instituição analítica, uma estrutura informal de cartéis. Não mais aceitável que dizer: "Eu fundo – tão só como sempre estive...". Daremos o crédito a Lacan, em sua soberba fundadora, de havê-lo pressentido ao produzir justamente o cartel nesse momento fundador; aqui, então, como desmentido ou contrapeso à sua alegada "solidão". Pois foi pela instituição dos cartéis no mesmo tempo da fundação da EFP que ele se protegeu de ser porta-estandarte de um "desmentido [*déni*] da castração", como teria acontecido caso houvesse instituído um desses atos sem o outro.

É que, verdadeiramente dizendo, uma instituição analítica não poderia se bastar com uma simples fundação, ela deve tentar ser constituinte do objeto mesmo que a funda, ou seja: a análise freudiana. Ela tentará isso mais facilmente se não se abrigar sob o signo de uma convivência familiar ou de um decreto paterno.

Já indiquei anteriormente como visada possível do cartel um dispositivo destinado a ponderar, no campo analítico, os efeitos de mestria naturalmente produzidos por um ensino. De onde o interesse, e a dificuldade, dos eventuais cartéis de ensino, de ter que submeter a elaboração teórica ao risco do cartel.

No mesmo texto, liguei a efetuação do percurso analítico à necessária articulação de um dispositivo e de um operador abstrato, do qual o analista é o suporte, que dá existência logicamente, que designa um lugar num encadeamento significante sem por isso ocupá-lo, e que propus reconhecer como "ficção".

O nomeado "Cartel" deixa à ficção todo o seu lugar no dispositivo estabelecido. Mesmo que fosse apenas a esse título, ele empurra para a instituição analítica, registrando a realidade dupla de sua estrutura (dispositivo-ficção) sem visada de encarnação. Já havia situado isso, creio eu, em uma de nossas assembléias pré-instituintes, do lado de uma "castração institucional"; condição sem dúvida insuficiente, mas propícia a que cartéis constituam... a análise freudiana, ou, pelo menos, trabalhem para tal.

Entretanto, conferir a cartéis uma função constituinte da análise freudiana é ressaltar o laço estrutural entre a instituição analítica, por um lado, e a prática da análise e a formação dos analistas, por outro.

Como opera o cartel nesse lugar ou como o cartel "faz traço" para o analista, onde esteja ele, atrás de sua competência ou de seu saber, sua prática ou sua ignorância, sua inibição ou seu sintoma? As observações seguintes tratam dessas questões.

B. Observações sobre a polaridade analítica do cartel

Ela diz respeito à contagem.

Os números indicados pela definição lacaniana do cartel são essenciais. Longe de representar uma numeração defensiva de unidades, 3 no mínimo, 5 no máximo, mais uma pessoa, esse prescrição é ofensiva. Levanto a hipótese de que ela permite que se reencontre o número necessário para que se constitua o sujeito.

O 3 + 1 da ordem mínima poderia atualizar a destruição, o *Untergang* do édipo. Confronta também cada parceiro do cartel com o seguinte, que remete a questões muito primárias, constatáveis particularmente na análise de crianças ou de psicóticos não paranóicos, questões relativas a que, pelo simples fato da linguagem, ou de seu distúrbio, a contagem é primeira – e não o édipo – no enganchamento no simbólico.

O 5 + 1 que fecha a ordem máxima em 5 unidades encontraria sua razão em que a seqüência só pode ser infinita (6 + 1, 7 + 1, etc). Em outras palavras, com um número maior que 6, só contaríamos indivíduos definidos apenas por constituírem um grupo. Parece-me muito importante não confundir a Mais-uma-Pessoa da definição do cartel, discernível pelo seu nome próprio e a ser incluída como tal na contagem dos parceiros-unidades, e o Um-a-Mais, a ser entendido como qualquer uma das 4, 5 ou 6 unidades, outro inesperado, pontual, anônimo, efêmero, de um determinado parceiro, permitindo assim, para tal parceiro, dentro de uma figura com 4, 5 ou 6 termos, uma exploração topológica da citada figura: cada um podendo assim experimentar um lugar marcado Outro, Eu, Significante, Sintoma, outro, de onde se encontra relançada, para ele, a questão do sujeito.

Dessa maneira, poder-se-ia conceber o cartel como uma formação artificial do inconsciente, um sintoma experimental hábil para lembrar a cada um, analista ou não, engajado na tarefa que for, a especificidade do campo da análise freudiana: o inconsciente constituído e acessível numa dinâmica da linguagem. Interpretação própria para fazer fugir, concordo, mas não se trata, como eu disse, de desalojar o analista de onde quer que ele se abrigue?

C. Observações sobre a prática do cartel

Foi por não haver escamoteado a dupla polaridade do cartel, que acabo de indicar, que nasceram os cartéis constituintes da Analyse freudienne, para tentar, em um período agitado, levar em conta a política do inconsciente e o político associativo. Daí a inovação, na época lógica, de confiar o essencial das responsabilidades relativas à vida científica da associação a esses cartéis (três vezes dois) eleitos para tal e renovados parcial ou totalmente bem amiúde, pela assembléia dos membros.

Pode-se dizer, parece-me, agora, que a eleição (sob candidatura) não é um método pior para se formar um cartel que os outros em uso, como a cooptação, ou já experimentados outrora, como o sorteio ou a designação autoritária! Embora a maior parte dos cartéis eleitos tenha podido efetivamente fazer cartel, alguns fizeram surgir uma característica constante e importante (para ser preservada, então) da formação de um cartel: quer dizer, seu caráter aleatório. Daí a necessidade de eleger dois cartéis para a mesma função.

Não poderíamos nos espantar com outra observação, que vai no sentido do peso, ou seja, aqui, da deriva egóica; o cartel eleito, em seu necessário movimento de constituição, tem às vezes dificuldades de escapar de uma busca de identidade, de uma posição de grupo, o que, tornando caduca sua qualidade de cartel, colocaria em dificuldades o mecanismo de coordenação, essencial à própria vida da associação. Ainda aqui o desdobramento dos cartéis eleitos para uma mesma função é uma medida institucional útil.

Disposições preventivas tentam responder ao abusivo aferrolhamento dos cartéis. Embora elas sejam justificadas de um ponto de vista institucional, é preciso que não ameacem demais o que chamei de polaridade analítica do cartel.

Cada cartel se constitui em ritmo diferente. Limitar demais a duração de vida de um cartel pela renovação de seus membros pode ser transformar o cartel em corrente de ar sob o efeito do deslocamento, até mesmo do "turbilhão".

Passe

(4) A proposição de outubro de 1967 tem mais de trinta anos. Em 1978, em Deauville, Lacan declarou seu fracasso. Dezoito anos após sua morte, o texto da proposição não tem uma única ruga, mesmo se a retomada do procedimento aqui ou ali incluiu legitimamente variantes, particularmente na articulação Passe-Escola (ou Instituição analítica) e na nomeação.

Acontece que mesmo fora dessa função a invenção do Passe permanece incontestável, que sua força de "colocar a trabalho" os protagonistas

---

4 Claude Dumézil, "Dynamique lacanienne", *Esquisses psychanalityques*, nº 15, primavera de 1991.

do procedimento (candidatos, passadores, júri) permanece e que, apesar das dificuldades encontradas, não se pode mais fazer hoje como se não tivéssemos mais à nossa disposição um procedimento "pivô", que se trate de designar um passador (modo de interpretação particularmente raro e delicado), de ouvir um testemunho indireto, de ter acesso ao "feedback" de uma cura ou de curas, na seriação da experiência, de debater com colegas uma "clínica" habitualmente imobilizada num "bom fim" teórico tanto pelo analisando como pelo analista, enquanto que o procedimento permite ao analisando colocar o ato de ser candidato frente a um outro sujeito dividido (pela sua designação como passador) em um para-além da transferência.

Mesmo sem nomeação – já tivemos experiência disso – há candidatos entre os analisandos lacanianos, tanto o procedimento do Passe "cola" com a condução das curas por seus analistas lacanianos e com a necessidade, chegado o tempo, que uns e outros têm, desse passo-ao-lado [*pas-de-côté*] que implica uma posição enunciativa e um espaço transferencial diferente.

Um pouco mais adiante no mesmo texto, a experiência em si do Passe é examinada a partir de uma colocação em perspectiva dos respectivos lugares dos Passadores e do Analista da escola: não se esperava do Passe, justamente, que o AE, mais que se rotular com seu título, voltasse a ser, sem cessar, passador... da psicanálise?

O Passe?

Criado por Lacan, esse significante indica uma hipótese e um dispositivo. A hipótese é que haveria um momento discernível durante o qual se efetuaria a passagem da posição de analisando à de analista. Para explorar esse momento, Lacan propõe um dispositivo para candidatos.

O que ele supostamente exploraria talvez não se apresente em toda análise, mesmo nas que tivessem se verificado didáticas. Embora o dispositivo do Passe não tenha nenhuma razão para ser inalterável em suas modalidades, uma delas, entretanto, é essencial: é o encontro do passante com dois passadores, encontro esse em que todo o interesse, no momento em que o passante faz ato de candidatura, é de deslocar, para um novo espaço transferencial, a experiência de fala que foi vivida na análise em si. Essa engrenagem capital que é o passador permite, às vezes, o advento do que faria "traço" nesse momento de báscula do discurso, concomitante à passagem a analista, no sentido de que, em toda análise, há momentos discerníveis que fazem traço entre história e estrutura, para o analisando e para o analista. O passador, que é suposto ele mesmo estar advertido – "ele é o Passe", já havia dito Lacan –, sustenta a "construção" desse momento: sua missão dupla, desdobramento problemático, é escutar e depois fazer passar o que escutou. Daí a escolha do passador, por seu analista, entre os analisandos que poderiam estar nesse momento de báscula. Minha experiência é que o testemunho dos passantes, tão investido, sério, meticuloso quanto possa ser, é muito pouco explorável se essa dimensão do traço não for discernível além do que é trazido das falas do passante. Acontece mesmo que essas falas façam, à revelia do passador, traço em sentido inverso, colocando, em um *flash*, o passante como passador de seu passador!

Não é de fora que vem a validação do caráter didático, mas, antes, do efeito do *après-coup* da análise, efeito que é particularmente constatável pelo procedimento do Passe e sancionado por um júri ao nomear para o título estranho de "Analista da escola"; título a não ser confundido com "Analista membro da escola", pois este também existe e é atribuído por um procedimento muito mais clássico. O que deve ser entendido por "Analista da escola", como o próprio Lacan explicou, é alguém que testemunha através do procedimento que está no cerne da pesquisa relativa à psicanálise e que pode expressá-lo não somente no procedimento, mas também, por exemplo, ensinando na escola, sendo, de alguma maneira, "analista da experiência da escola".

Quando a gente pára para pensar um pouco, isso é um pouco forte, pois se emprega o termo analista em um sentido diferente do de psicanalista. O psicanalista da escola, se é também Analista da escola no sentido que acabei de indicar, não é mais inteiramente um psicanalista. Tudo isso é tomado numa teorização, a da diferença introduzida por Lacan entre psicanálise "em intensão" e psicanálise "em extensão", por um lado, e entre competência e desempenho, por outro. O Passe não sanciona uma competência, pois era mesmo previsto que não-analistas pudessem participar dele, como membros do júri ou como passadores. Na verdade, o que Lacan esperava do Passe era um ensinamento sobre o que acontece na cabeça – ou, cito-o, "na bola" – de alguém que anuncie seu desejo de se tornar psicanalista, de ocupar essa função, de exercer esse ofício. Temos que acreditar que sua análise pessoal não tinha respondido a essa questão, que sua prática da análise tampouco, e foi por essa razão que ele propôs esse procedimento que, ele também – e é aí que voltamos a 1978 –, não conseguiu responder à pergunta. Nesse sentido, posso perfeitamente admitir que, para Lacan, o Passe tenha sido um fracasso, pois que não respondeu à pergunta que ele lhe fazia.

Acho que Lacan condenou o Passe cedo demais. Ele o fez pouco tempo antes da grande movimentação que fez explodir a École freudienne de Paris e levou à sua dissolução. Pudesse ele se beneficiar de uma distância de dez anos suplementares e observar o que aconteceu com a experiência num *après-coup* bastante longo, teria reparado que vários daqueles que, no pós-Lacan, assumiram responsabilidades na transmissão de seu ensino ou na pesquisa de inovações institucionais, que os que finalmente asseguraram, do lado lacaniano, a continuação da psicanálise são pessoas que tinham "algo em jogo" no momento do Passe, seja como membros do júri, como passadores ou como passantes. E, se tivesse acontecido uma distância não de dez, mas de trinta anos, não acho que Lacan poderia dizer hoje que o Passe foi um fracasso em todos os seus aspectos.

Ocorre de vez em quando que alguns inventores geniais acreditem que estão procurando alguma coisa e encontrem algo diferente do que procuravam. Isso sem dúvida aconteceu com o Passe. O que Lacan finalmente pôs em circulação, o que ele nos deu – talvez por descuido – nesse procedimento e diante do que ele mesmo recuou em 1978 é um observatório extraordinário. Por analogia com outros observatórios, eu o chamei de "observatório da conjuntura transferencial", quer dizer, um lugar gerador de efeitos e questões não programados e não programáveis em todos os protagonistas do procedimento: em primeiro lugar o passante, que solicita uma espécie de *adoubement** pelo júri; em seguida os passadores, espantadíssimos de se

* Segundo o *Petit Robert*, termo utilizado na Idade Média para uma cerimônia durante a qual um jovem nobre era feito cavaleiro, recebia armas e um equipamento (nomeado *adoubement* e mais tarde substituído pela armadura). Quanto ao verbo *adouber*, o *Petit Robert* registra, além do sentido acima indicado, o sentido de uma formulação usada no xadrez: (*j'adoube*); um jogador avisa ao outro que a jogada não foi efetivamente feita

verem lá, porque seu analista lá os pôs sem lhes dar outra razão que "Pronto, vocês estão nessa lista, podem recusar", mas raras foram as recusas; enfim, os membros do júri, que não acreditam no que ouvem, pois o testemunho dos passadores a respeito do que eles ouvem dos passantes é freqüentemente inaudito, quer dizer, de tal maneira afastado de todas as belas construções teóricas e ao mesmo tempo portando um esclarecimento sobre a categoria do "Real" – teorizado por Lacan em várias etapas –, ou pelo menos a respeito do que se pode clinicamente avaliar por trás desse termo "Real".

No Passe, os membros do júri achavam que iriam encurralar o simbólico. Ora, não se encontra o simbólico no Passe, ou com muita dificuldade, ou muito pouco. Achavam que, nos Passes sucessivos, iam ver apurar-se a função do significante ou medir o que uma fórmula como "o significante representa o sujeito para outro significante" pode pesar e valer clinicamente. Nada de resposta luminosa a respeito disso. Em troca, o que os passantes entregam no Passe são grandes retalhos de não-analisado, do que aconteceu ao largo da análise. Em outras palavras, os membros do júri, que eram, na École freudienne de Paris, analistas de grande experiência, tinham sob os olhos uma espécie de negativo da imagem. O que o Passe lhes mostrou é, por fim, a psicanálise tal como ela é e não como deveria ser. Para muitos desses experientes analistas, isso foi uma descoberta, não intelectual ou teórica, mas uma maneira extremamente violenta de dar-se conta da necessidade de pensar de outra maneira tanto a questão da formação dos analistas como a do controle e a do reconhecimento dos psicanalistas. É um grande canteiro de obras aberto por Lacan em 1967 e que até hoje não se fechou.

De acordo com uma expressão um pouco familiar de Diane Chauvelot, que também é – se posso me exprimir dessa maneira – uma grande praticante do Passe, "O Passe descabela", descabela todo mundo. Falei do júri, mas quem isso descabela em primeiro lugar é o passante, nomeado ou não, com, claro, efeitos diferentes. Ele se apresenta com uma elaboração já feita

quando desloca uma peça movida acidentalmente ou a desloca provisoriamente. O *Dicionário Houaiss* registra o antepositivo "adub-", em português, que vem, em cognação vernácula, do verbo *adouber* em francês, com o sentido generalizado de "acomodar, arranjar, pôr em estado, repor em bom estado". (NT) de sua própria análise e de seu próprio percurso, às vezes uma elaboração teórica válida, que ele poderia, por exemplo, oferecer no famoso memorial que citamos a respeito da IPA. E lá, num instante, em quatro ou cinco encontros com os passadores, ou seja, pessoas no mesmo estádio que ele, ou até mesmo um pouco atrás no percurso, ele mede ao mesmo tempo o caminho percorrido e o caminho a percorrer, mas, sobretudo, apreende concretamente o caminho que jamais será percorrido. Deve ser isso o mais importante nessa experiência, o luto que deve ser feito de algo teoricamente muito definível, mas que surge como um ideal inatingível quando, pelo Passe, criam-se as condições para que um acontecimento psíquico se produza. Esse acontecimento não decorre unicamente de um processo de pensamento, ou mesmo de um processo discursivo, isso também vale para o lado do experimentado. O que indico com isso nada tem a ver com uma certa histerização da experiência, de que também se falou, e com razão em alguns casos. Cada um, creio eu, tem sua própria apreensão da experiência do divã, que não é puramente intelectual, que coloca em tensão tudo o que forma sua qualidade de "ser-falante", que não se limita unicamente à categoria do simbólico e coloca em jogo as duas outras de uma maneira que Lacan formalizou pelos nós, uma apreensão que não fica unicamente na esfera do "todo teorizável". O que é verdade da análise é verdadeiro *a fortiori* do Passe, que em certos casos de maneira quase vulcânica faz aparecer essa lava do Real, que a análise freqüentemente apenas aflora.

Sabe-se que Lacan nunca fez da *experiência do controle* uma condição exigida para que sua escola reconheça qualquer um como oriundo de sua formação: "O controle não poderia ser obrigatório" – dizia ele – "pela boa razão de que ele é obrigado". No que diz respeito ao Passe, justamente, ele levava a restrição um pouco longe: não somente não poderia ser obrigatório para alguém, como não é nem obrigado, com exceção talvez para a instituição em si, na qual sua existência como dispositivo viria subverter utilmente algo do *gradus* social e colocar a trabalho o enigmático desejo do analista para as oito a dez pessoas implicadas no protocolo.

Por outro lado, quase todas as associações atuais se concentraram na importância dos *grupos de trabalho* que articulam a prática da análise e a teoria. Nesse espírito, propus o dispositivo do "Traço do caso", complementar ao Passe no que ele explora, para cada praticante que se exponha a ele, a colocação em jogo de seu saber inconsciente na cura, a maneira como ele recomeça a ser analista em face das solicitações imprevisíveis da prática. Essa exploração se efetua em um tempo de *après-coup*. *Après-coup da formação do analista*, já que tal dispositivo não se destina aos novatos, mas aos que se "autorizaram" já há tempo suficiente para já ter tido a experiência dos controles. Ele interroga em particular o lugar do sujeito no relato.

O conjunto desse meios – cartéis, Passe, dispositivos sobre a prática – oferece uma moldura ética e uma dinâmica que favorecem a emergência de uma enunciação na virada do enunciado, ou, para dizê-lo diversamente, permite criar entre os protagonistas a surpresa de formações do inconsciente. Propus chamar de *instituinte* essa dinâmica dos dispositivos. Instituinte deve ser entendido em contraponto com o adjetivo institucional, na dialética instituição/destituição na qual se reescrevem, na cura, as determinações significantes do sujeito. Instituinte se opõe a *que nomeia para um cargo*.

Pode existir um discernimento clínico dessa modificação instituinte: na cura, chega um momento em que o analisando se afasta da lógica consciente do signo, essa lógica que consiste em representar alguma coisa para alguém, por exemplo seu eu para a pessoa de seu analista. O analisando afasta-se dela para entrar na lógica do inconsciente – deve-se dizer freudiano ou lacaniano? –, a do significante que representa o analisando, como sujeito, para um outro significante e que o faz sair do registro queixoso da demanda para aquele, de densidade totalmente diferente (Lacan o havia chamado outrora de "palavra plena"), que abre para a dialética do desejo.

Dois outros pontos devem ser inscritos no crédito dessa dinâmica lacaniana:

– o primeiro diz respeito *às modalidades pelas quais a teoria vem tomar o praticante* ou o futuro praticante engajado na psicanálise. Deste ponto de vista, ele não entra tão facilmente nos conceitos ou na articulação entre os conceitos já elaborados, a menos que penetre ali como num corpus de saber ao qual deve referir todos os acontecimentos da prática da análise, o que não deixa de ter graves inconvenientes para a condução das curas. O caráter *teorígeno* dos dispositivos instituintes não indica a pretensão de se produzir uma nova teoria. Esse termo diz o objetivo de que cada um possa, em seu ritmo, no momento de tal problema prático, apropriar-se da teoria existente de uma maneira que não seja colagem, mas quase que a redescoberta da necessidade dessa ancoragem teórica a partir de situações concretas. Liberar cada um da maneira como o Supereu pode apossar-se da teoria para fazê-la um tipo de último bastião da resistência não é dos menores méritos desses dispositivos;

– o segundo ponto diz respeito à *determinação significante do sujeito* e à questão da *aposta institucional*. Cartel, passe são significantes que nomeiam a aposta de um trabalho sobre a análise. Por que é necessário um significante em jogo? Sempre há uma aposta em falar a vários. Essas apostas, entretanto, são, mais freqüentemente, imaginárias. São elas que são diretamente alcançáveis. As que não o são são apostas simbólicas. Por quê? Porque uma das características do simbólico analítico lacaniano supõe o *après-coup* lógico da castração. Ora, propondo-se colocar como objetivo algo que permanece sempre em perspectiva e que, no limite, só pode escapar, levanta-se, por um lado, o peso do imaginário e, por outro, abre-se uma possibilidade, uma porta para a colocação em ato do relato sobre a simbólica da castração daquele que fala. Uma das observações notáveis no protocolo do Passe, no encontro do passante e do passador, é que freqüentemente os passantes chegam ao seu encontro com o passador munidos de um relato já elaborado do qual retiram enunciados; e, nesse ato mesmo, eles são, se podemos dizê-lo, traídos pela transferência que se manifesta por simplesmente ter que falar; e essa *traição* produz, imediatamente, um levantamento de censura ou recalque, uma fala ou uma formação do inconsciente que faz interpretação. É a isso que deve ser sensível a escuta do passador, que pode aí discernir "efeitos de sujeito" que haviam escapado totalmente ao passante, no seu projeto, como por vezes na sua cura. É toda a aposta do Passe que o passador possa em seguida transmitir essa surpresa a alguns outros, por exemplo a um júri.

No campo da fala e da linguagem que é o da psicanálise, a dinâmica lacaniana favorece uma suspensão da clausura dos enunciados. Ela incita os analistas a tornar-se analistas por sua própria experiência e a nunca deixar de não se autorizar pelo título. Bem além do laço associativo, ela concede ao conceito de instituição analítica o sentido pleno de instituição da psicanálise em si, ou seja: a cura.

(5) Confirma-se que o passador é o agente essencial do dispositivo. É com ele – ou apesar dele mesmo – que o candidato põe à prova sem esperar o que esse "transferir" significa. Daí uma mobilização possível do não-analisado da análise – ou o surgimento de manobras defensivas.

Que o passador deva sua função a uma designação de seu analisa, que lhe supõe então a aptidão de suportar essa transferência – sem se fazer de analista do passante –, pareceu-me funcionar efetivamente no que eu pude ouvir.

Que o passador seja capaz de suportar esse relançamento transferencial, que lhe vem ao mesmo tempo de seu analista e de um passante, cria sem dúvida uma situação dinâmica em eco com aquela que se suporia no tornando-se-analista ou no tornado-analista-desejando-testemunhar-a-respeito, ou seja, o funcionamento de uma terceira instância em uma relação aparentemente dual, o reconhecimento de um termo a-mais.

Compreende-se muito pouco as circunstâncias analíticas que cercam um início de prática, ou um "autorizar-se". O que se ouve, por outro lado, são as diversas modalidades que expressam uma tomada de partido do candidato, as sucessivas modalidades desse partido tomado nos vários tempos do percurso analítico na estrutura.

Até agora, não identifiquei nada que possa ser um momento preciso de passe, a montante do qual estaria o analisando, surgindo o analista a jusante.

A colocação em perspectiva desse momento fictício parece ser, entretanto, um operador essencial do procedimento, cujo interesse para cada um dos protagonistas não foi desmentido, a meu ver, após um ano de funcionamento em um dos cartéis do Passe.

Esse encontro concreto com a questão do passe restringe singularmente a idealização teórica que ele sustentou tão freqüentemente a respeito de tornar-se analista ou do fim da análise. Talvez seja por não poder se decidir por esse meio luto que se tenta falar de fracasso do Passe ou da lentidão de seus cartéis.

Instituída na École freudienne de Paris a partir de um texto teórico – a proposição de 1967 –, a experiência do Passe era necessariamente infletida,

---

[5] Claude Dumézil, *Expérience dans um cartel de la Passe aux* CCAF [Experiência em um cartel do Passe nos CCAF], 1, janeiro de 1986, texto inédito.

orientada por esse texto de Lacan mesmo que ele estivesse, sem dúvida, pronto para rever os termos de sua proposição em função das constatações clínicas. Talvez o tivesse feito explicitamente se tivesse ouvido, só, os passadores de passantes que não fossem majoritariamente analisandos seus. E o júri, foi bastante ressaltado, não estava em medida de fazê-lo, Lacan fazendo assento com ele. Os tempos, desse ponto de vista, mudaram.

É facilmente reconhecível que os membros do cartel ao qual pertenço, assim como os do outro cartel, produziram na instituição dos CCAF trabalhos relacionados à experiência do Passe nos CCAF, embora a filiação não apareça diretamente, sem dúvida por causa do *durcharbeit* necessário no campo analítico. Concordaremos que a tarefa dos cartéis do Passe interessa bem mais diretamente esse campo que o, tão essencial quanto, dos cartéis de admissão ou de orientação dos ensinamentos.

Meu projeto, no cartel do Passe, é concentrar particularmente minha atenção no que faz traço entre passador e passante e associar o mais diretamente possível a coordenação dos ensinamentos aos trabalhos resultantes da experiência concreta do Passe tal qual é encontrada em um júri.

(6) Não basta que um analista acredite ter obtido o fim de uma análise para que, de analisando havendo alcançado esse termo, ele, por tê-lo elaborado, faça um passador.

O fim de uma análise pode ter produzido nada mais que um funcionário analítico. Esse é agora freqüentemente o caso.

O funcionário nem por isso é indigno do passe, no qual testemunharia sobre seus primeiros passos na função: é o que tento recolher.

Para recolhê-lo de outro, deve-se fazer ali outra dito-menção [*dit-mension*]: a que comporta saber que a análise, da queixa, nada faz além de utilizar a verdade.

Antes de entrar lá de cabeça, testemunhará ele que é a serviço de um desejo de saber?

Qualquer um poderia interrogar o outro, mesmo que ele fosse também tomado por isso. Talvez ele entre na sua função sem reconhecer o que o leva lá.

---

6 Jacques Lacan, *Note sur le choix des passeurs* [Nota sobre a escolha dos passadores], 8 de maio de 1974.

Um risco: é que esse saber deverá ser construído com seu inconsciente, quer dizer, o saber que ele encontrou, acreditado como seu, e que talvez não seja adequado à localização de outros saberes.

Daí, por vezes, a desconfiança que vem ao sujeito nesse momento, a de que sua própria verdade, talvez na análise – a sua – não tenha comparecido ao julgamento.

É necessário um passador para ouvir isso.

(7) Nesse dispositivo, encontram-se situações "limites": analista de..., de..., analisando de..., de..., etc. Parece que isso seja administrável e a enunciação ocupa aqui um lugar particular.

Não se trata mais de pessoas como tais, mas do que é convocado na psicanálise, do lado das minutas de seu processo. Todavia, é do sujeito à pessoa que acontece o que pode "sair" do Passe, que ultrapassa seus protagonistas e que se espera que dê lugar à teorização.

A clássica discrição – com respeito à identidade dos passantes e aos conteúdos particulares dos Passes – é hoje acompanhada por uma não-nomeação à saída do Passe. O futuro deveria ser previsto, no que diz respeito a suas elaborações, em sua participação nos júris do Passe, o que, no final das contas, seria muito limitador?

O "descabelamento" que está em jogo no Passe talvez seja, no plano da transmissão, mobilizável apenas por um tempo relativamente limitado; seria uma pena que esse tempo fosse usado apenas para se "pentear de novo"; o ensino, afinal muito útil, parece freqüentemente responder a essa necessidade pessoal.

A decisão de diferir a nomeação à saída do Passe e, depois, de não colocá-la como sua ordem do dia respondia a várias ordens de necessidade, dentre as quais a avaliação dos efeitos perversos da nomeação: neutralizam-se tais efeitos suprimindo-se o que lhes permite existir... Num nível mais estrutural, não parecendo o Passe responder à pergunta "o que é um analista?" em um plano geral, conseqüentemente não poderia estatuir, quanto mais duradouramente, quanto à determinação de se Fulano é, ou não é analista.

---

7 Geneviève Granier de Cassagnac-Grauloup, "À propos de la Passe", *AFP*, nº 7, Cahiers de l'association, março de 1944.

Essa retirada da nomeação do questionamento do Passe – em todos os níveis de seu funcionamento – sem dúvida abriu outras vias de "pesquisa"; mas nós encontramos escolhos, sobretudo o do "FORA DE SUJEITO"*: "o que você diz escapa a você, é à sua revelia que os significantes circulam através de outros...". Estamos no "reciclável" com o qual a Instituição, com um I maiúsculo, produziria seu mel...

[8] Não basta que uma proposição seja verossímil e fonte de achados para ser aceita coletivamente: é necessário ainda que o discurso reinante lhe conceda o imprimátur.

Com relação ao Passe, pois aqui reside nossa preocupação, poderíamos, apesar de seus avatares, admiti-lo como um achado admissível?

Para que um achado permaneça pelas suas conseqüências de descobertas, é necessário:

– que seja fundamentado e verídico;

– que seja sustentado por pesquisadores que saberão arriscar-se a fim de proporcionar os desdobramentos esperados;

– que a pressão social contemporânea não se oponha a ele.

Concluiremos considerando como verdadeira a primeira proposição, por termos recebido a respeito testemunhos fora do comum, que ultrapassavam no campo da verdade o discurso analítico habitual, perturbadores por sua contigüidade com o Real: admitindo que os pesquisadores de hoje estão desalojados do lugar que ocupavam os de ontem; e constatando que a pressão social contemporânea é decididamente oposta a um trabalho que nada tem a ver com espetáculo, o que satisfaria todas as estruturas histéricas, nem com o gradual, o que poderia motivar todos os obsessivos, nem com o lucro, o que satisfaria a todos, nem com a glória, à qual muitos estão afeiçoados... mas só com o prazer de saber mais a respeito, e isso na mais absoluta discrição.

---

* *Hors sujet.* Talvez se pudesse pensar aqui na tradução "fora de questão", em função das possíveis traduções de *sujet* e na medida em que, em resumo, o sujeito é a "questão". (NT)

8 Diane Chauvelot, "L'opportunité de la Passe" [A oportunidade do Passe], *AFP*, nº 6, Cahiers de l'association, setembro-outubro de 1993.

(9) Retomamos as últimas frases do texto de Diane Chauvelot: o Passe... "só pelo prazer de saber mais a respeito".

Pareceu-nos que poderíamos talvez ter esquecido que uma proposição como esta nos teria agradado, antes de haver participado – no caso, como passador – dessa montagem que é o Passe; o lado pesquisa tem algo que pode reenviar à desinibição e nisso apresentar um caráter "tranqüilizador"...

O "saber mais a respeito", que diz respeito ao gozo, se nos apareceu como inscrito em um trabalho de pesquisa, foi de uma maneira bastante particular; com efeito, aqui o objeto da pesquisa não é outro, não está separado do pesquisador. O objeto do saber em questão, neste caso, é um sujeito.

Quanto ao "prazer", ele nos apareceu como podendo ser fixado eventualmente a montante ou a jusante do Passe em si, mas, no que diz respeito ao tempo de passe em si, esse termo nos parece inapropriado.

Dispositivo sobre a prática

A invenção e a colocação a trabalho de dispositivos sobre a prática da análise freudiana não respondem à necessidade de estabelecer uma clínica analítica, mas de questionar o inconsciente do analista em função: como trabalha ele, onde e como ele se abre e se fecha, onde e como ele coloca obstáculos à análise, ou, ao contrário, permite que se desenvolva?

Desde Ferenczi, o lugar original e essencial desse questionamento é a análise do analista. Sabemos também que ela não bastaria àquele cuja ética comporte que o analista não poderia sê-lo, tem sempre que recomeçar a sê-lo. Porque a análise não bastava, Ferenczi solicitou a continuação a seus pacientes, no lugar e tempo mesmos de sua cura: daí a invenção da "análise mútua", dispositivo de análise não-freudiana.

A invenção de dispositivos sobre a prática requer, então, espaços transferenciais diferentes, deslocados, cuja dinâmica permaneça coerente com o levar em consideração o inconsciente freudiano, a dimensão imaginária da intersubjetividade, a dessimetria essencial que constitui a mola propulsora da transferência, a função da fala e do campo da linguagem.

9 G. Granier de Cassagnac-Grauloup, "À propos de la Passe", art. cit.

O Traço do caso, "dispositivo de prática sobre a prática" – que não é (como também o Passe não é) um "grupo clínico" –, desenvolve-se aqui como tendo sido o primeiro a funcionar especificamente como dispositivo instituinte.

(10) O Traço do caso tem como princípio não separar um projeto teórico, ético e político para a psicanálise freudiana de um trabalho sobre a prática.

Ele propõe um dispositivo para aprimorar a análise do que determina singularmente o psicanalista em sua prática. Ele se dirige aos praticantes da análise em um tempo específico de seu percurso no qual se reúnem em uma questão ética o cessar de sua prática de analisando e o além da demanda de controle.

Sendo a moldura a da fala e da linguagem, um dispositivo é necessário para levantar o fechamento dos enunciados: consiste em um deslocamento organizado dos pontos enunciativos em espaços transferenciais sucessivos. Trabalhado pela ficção do "traço", esse dispositivo autoriza a elaboração das diversas funções do logro em psicanálise: ilusão, semblante, ficção.

Ele se desenrola em uma dimensão coletiva de acordo com três espaços-tempo articulados:

1. O seminário: ele reúne duas vezes por mês praticantes da análise freudiana em número restrito. Não é público. A cada sessão, um participante expõe de sua prática um ou dois fragmentos que lhe ocorrem pelo inacabado que deixam em sua implicação em tal ou tal ponto. A troca estabelece-se a seguir entre os participantes, dentro da perspectiva de que possam ser delimitadas uma ou as questões transferenciais cujo discernimento, imediato, ou mais comumente em *après-coup*, lhe permitirá seguir com a análise de sua prática lá onde ele menos esperava e com sua elaboração teórica lá onde a invenção o requer. A navegação do seminário é assegurada por um de seus membros que tenha tido experiência suficientemente longa do dispositivo: ele se expõe ali da mesma maneira que os outros participantes e é ele quem coopta os participantes e mantém o rumo ético dessa prática.

---

10 "Le Trait du Cas", apresentação do dispositivo, Groupe d'étude du Trait du Cas.

2. *A sessão pública*: ao ritmo de uma vez por ano, os participantes de seminários convidam um público ampliado de praticantes da análise para lhe comunicar seu trabalho, receber suas observações. É o tempo de expor o que se elaborou no *après-coup* das sessões do seminário, tanto a respeito das condições e dificuldades da prática como a respeito do desenrolar teórico incluído no dispositivo. Esse deslocamento e essa mudança de endereçamento são acompanhados mais freqüentemente desse outro deslocamento que é a passagem ao escrito.

3. *Os cartéis*: os participantes dos seminários que o desejarem formam cartéis compostos cada um por membros dos diversos seminários. Esses cartéis têm com objetivo levar mais adiante as questões que o seminário deixa necessariamente em suspenso. Eles também têm como encargo continuar a elaboração do dispositivo, de seu funcionamento e de seus efeitos, e animar o trabalho preparatório às sessões públicas.

Da colocação à prova repetida no seminário por cada praticante é esperado um efeito de transmissão – ou melhor, "instituinte" – revezado pelo trabalho de cartel ou em favor da sessão pública, tanto para os que expõem como para os que ouvem.

(11) Não conseguiríamos caracterizar melhor o espírito que ressaltando, como fez uma de nossas ouvintes, que ele propõe levar a sério a observação de Jacques Lacan segundo a qual não há formação do analista, mas unicamente formações do inconsciente.

O princípio é tratar a transferência, permitindo um deslocamento da posição enunciativa de seu lugar inicial.

No controle, controlador e controlado põem a funcionar um espaço transferencial novo, deslocado em relação aos da cura do controlado e da cura conduzida pelo controlado. Com relação a uma singularidade de uma situação de controle, eu havia convidado nosso público a "ler" os ditos do controlador e do controlado (no sentido de que um analista ouve um sonho

---

[11] À propos des dispositifs sur la pratique, quelques remarques de Claude Dumézil [A respeito dos dispositivos sobre a prática, algumas observações de Claude Dumézil], em *Le Trait du Cas*. Éd. Point Hors Ligne, 1989.

como a leitura de um texto) com referência à série de conjuntos nos quais eles tinham eco:

– dois subconjuntos com seu espaço transferencial próprio: o da cura controlada e o controle;

– o conjunto grande, formado da união dos dois outros, no qual o controlado está duas vezes presente e que inclui, então, o paciente, o controlado e o controlador. Conjunto de que o paciente está fisicamente ausente, espaço artificial e transitório, fictício e não imaginário.

No Passe, há multiplicação dos deslocamentos das posições enunciativas: do passante aos passadores, de cada passador ao júri, de um relator ao coordenador, do coordenador ao júri através do relator.

No Traço do caso, cuja idéia como dispositivo, por sinal, é oriunda da experiência dos controles e do Passe, os deslocamentos postos em perspectiva vão do consultório do praticante aos seminários bimensais, seminários para um público ampliado uma vez por ano, a um trabalho de cartel entre cada seminário, com a mesma preocupação que no procedimento do Passe: "Fazer a diferença entre o que pode ser transmitido e o que não poderia ser divulgado".

É claro que os ensinamentos, quaisquer que sejam sua forma ou o tempo em que intervêm, os controles, os dispositivos instituintes – cartéis, Passe, dispositivos sobre a prática – deverão ser colocados em perspectiva cada vez que for possível. É por sua complementaridade que eles contribuirão para a pesquisa permanente necessária aos analistas, sobre a própria natureza de sua disciplina, pesquisa que desloca felizmente a questão da formação do analista e da transmissão da psicanálise em direção a uma invenção bem temperada pelos alguns outros pelos quais o analista se autoriza também.

Em ressonância: *A casa do botão*

Capítulo 4
Desejo de analista

O desejo de analista designa uma função: não a de um funcionário, mas a oriunda de uma estrutura particular propícia a dar sustentação a um certo tipo de discurso.

Discurso aqui deve ser entendido em sua dimensão de laço social referido aos três outros discursos (do mestre, do universitário, do histérico), dos quais é solidário. Essa dimensão difere do discurso corrente, que serve aos interesses da demanda ou da necessidade e está sempre pronto a se pôr a serviço de dominações contestáveis.

Preferimos falar do "desejo de analista" *para suprimir de imediato as ambigüidades da expressão usual "desejo do analista", que faz desse último uma pessoa em prejuízo parcial da função, distinta da pessoa.*

Vão ser encontrados a seguir vários textos que deixam clara essa noção central para a especificidade analítica das curas, para a inteligência do ensino e da transmissão da psicanálise, assim como para a organização de uma "instituição para a psicanálise que não seja semblante".

É, em primeiro lugar, a relação entre desejo e ato, enquanto irredutível, que é aqui elucidada.

[(1)] Lacan, em seu tempo, criticou a instituição pós-freudiana, observando que Freud não pudera dispor de um discurso, o discurso analítico,

[1] Robert Lévy, *Le désir contrarié*, Toulouse, Érès, 1999 [Tradução brasileira: *O desejo contrariado*, Rio de Janeiro, Companhia de Freud, 2004].

que pudesse fazer laço social, o que foi, segundo ele, a razão do recobrimento do inconsciente por sua instituição internacional. Entretanto, apesar de promover o discurso analítico, Lacan indica que ele não é suficiente para cimentar um coletivo, não mais que o ato. O discurso lacaniano como tal é equívoco, pois não responde à questão do "que fazer" ou do "que pensar"; o mesmo ocorre com o "ato analítico", cuja necessidade entretanto se revela, se quisermos considerar qualquer coletivo que seja. Deve-se então se basear apenas na "irredutibilidade" do ato, na medida em que não somente ela diferencia definitivamente a psicanálise de qualquer tentação filosófica como ainda constitui o ponto crucial onde se pode postular que não há ensinamento da psicanálise, sendo o ato o que a subtrai a toda pretensão educativa? Podemos certamente creditar Lacan de manter-se rigorosa e constantemente distante em relação a tal pretensão e sabê-lo grato por isso: "o que me salva do ensino é o ato", tal se afirma essa declaração anti-universitária e antifilosófica, se é o caso.

De que ato se trata então? Do que está implicado na mostração do real, responderíamos. Trata-se aqui do apelo a uma formalização que nos tenta e nos tocaia de novo? O real não se demonstra como uma formalização, mas, ao contrário, como mostração do ponto de impasse de toda formalização...

Uma outra maneira de desviar ou derivar em relação ao real não seria abordar a questão pelo viés do desejo de analista, na idéia de que esse desejo seria o "desejo de ir até o fim do matema"? Tal posição se oporia do mesmo jeito à consideração do fato de que esse desejo só pode justamente encontrar sua efetivação como um "desejo contrariado" pelo analisando, o que precisamente faz dele uma "função" e pode servir de definição provisória para uma ética da análise que consistiria então em sustentar essa contrariedade. Ora, é exatamente o mesmo tipo de contrariedade que encontramos na temática da fundação, pois há em Lacan, de um lado, um "eu fundo" que autoriza o tempo de um longo desvio, ele mesmo contrariado por um "eu dissolvo", que tenta colocar uma parada na sedimentação temporal; essa dissolução não pode mais então ser compreendida somente como solução para a contradição entre organização autoconservadora e pesquisa, porém mais como o segundo tempo necessário ao "longo desvio" que é a única razão de ser desse coletivo. Lacan indica, então, dois tempos de uma prática do ato, cuja irredutibilidade ele expõe na cena pública, ou que ele aplica ao coletivo, aquilo pelo que se justifica a ocorrência mesma de um coletivo psicanalítico. Dessa maneira, o que legitima a duração desse tipo de coletivo é o tempo mesmo na relação com a irredutível singularidade do ato que o funda entre ao menos dois sujeitos falantes. Lógica temporal que se aplica da mesma maneira à cura, com efeito, como "instituição mínima", na condição de que um tempo particular legitime esse tipo de coletivo, formado pelo analista e o analisando, com um começo e um fim.

O desejo do analista não seria, desde então, para ser situado nem do lado de uma formação nova, nem no de uma sublimação: trata-se muito mais de uma inscrição anterior, que uma análise constrói e atualiza.

(2) O aprimoramento de uma técnica ou a manutenção de uma moldura, necessários, nada são sem o essencial, que tem a ver com a estrutura. É hipótese minha que, entre os vários fatores que convergem para "fazer" um analista, que conduzem alguém a sustentar uma prática específica de analista, vários são dados no início e relacionam-se, através da cunhagem edipiana, às modalidades particulares de inscrição do sujeito na cadeia significante.

É claro que não se poderia glosar com um desejo de analista de Sócrates nem mesmo lhe atribuir algo do tipo pelo fato do investimento privilegiado do *logos* ou da atopia do desejo socrático. Parece-me mesmo que não se pode assimilar a pureza tópica do desejo, na sublimação cortesã, à sublimação do desejo no amor que está em questão no *Banquete*. Mesmo que o amor seja sempre o amor, mesmo que, como lembra Lacan, seja culturalmente que o "amor grego" é um amor homófilo por belos rapazes, esse investimento de objeto, mesmo idealizado, não pode se transmitir a não ser por uma configuração edipiana particular no que diz respeito à saída do complexo de castração.

Reconhecendo que a castração é o que deve ser aceito no último termo da análise, Lacan evoca de maneira interrogativa o papel da cicatriz da

---

2 Claude Dumézil, "Socrate non dupe" [Sócrates não tolo], em *Esquisses Psychanalytiques*, nº 18, outono de 1992.

castração no eros do analista. Pareceu-me que essa reflexão, que anuncia, talvez, a invenção desse observatório da conjuntura transferencial que é, a meu ver, o procedimento do Passe, abrindo ao mesmo tempo para montante como para jusante do desejo do analista, diz algo das condições de seu aparecimento. Elas dizem respeito à estrutura e supõem um rasgão fundador na realidade da história do sujeito, fundador mas segundo, ou melhor, identificável pela sua inscrição na cadeia significante específica tal como a análise a construirá na transferência. Nossa hipótese é que essa inscrição diz respeito ao laço particular com o *Nome-do-pai* como metáfora. Em um fragmento clínico exposto alhures[3], que diz respeito à análise de um analista, observei como a inesperada emergência de uma formação do inconsciente, que nomeava de maneira límpida a cunhagem edipiana marcada por uma metáfora paterna desgastada* [*écornée*], sublinhava ao mesmo tempo a inscrição do desejo de analista na cadeia significante em seu lugar de fragilidade e o fiasco de sua efetuação no contexto mesmo que o revelava.

O estabelecimento platoniciano – ou dever-se-ia dizer platônico – do discurso de Sócrates mostra bem o registro da sublimação. Porém, se este permite sem dúvida a paixão do discurso ou o amor da língua do filósofo ou do filólogo, a paixão do significante, em sua relação com o inconsciente, própria ao psicanalista, requer um desvio mais arriscado: talvez uma forclusão parcial do Nome-do-pai, não psicotizante como tal pelo fato de diversas suplências de "reapropriação" do simbólico (a análise pode ter essa função), certamente o desvelamento de uma outra forclusão própria à linguagem, a do significante faltante, tal como Lacan indica pela escrita do LA** barrado para LA Mulher por exemplo. Embora "o amor grego[4]" diga alguma coisa

---

3 Ver Claude Dumézil, "Le désir d'analiste en question", em *Travaux* 89/97 do Groupe d'étude du Trait du Cas, e aqui, na segunda parte, "Ressonâncias": "O ano Mozart".

* *Écornée*, em francês; *écorner* tem três significados básicos: tirar os cornos de um animal (descornar), tirar um ângulo de uma pedra, de um livro, ao deixá-lo cair ou ao usá-lo (descantear), ou, no sentido figurado, desfalcar (por exemplo, uma fortuna). (NT)

** Mantivemos o *La* francês para distingui-lo do A barrado, de *Autre* (Outro). (NT)

4 Jacques Lacan, *Le Transfert*, Séminaire livre VIII, Paris, Le Seuil, 1991, p. 41 [Tradução brasileira: *A transferência*, Rio de Janeiro, Jorge Zahar Editor, 1992, pp. 37-38]: "... aquilo de que se trata, a propósito do amor, quando se fala dele na Grécia... Ora, como diria o sr. de La Palice, trata-se do amor grego. O amor grego, é preciso que vocês se acostumem com essa idéia, é o amor dos rapazes belos. Depois, travessão, nada mais".

da realidade estrutural do "não há relação sexual" como conseqüência da captura do sujeito na ordem significante, não me parece que ele monte o melhor ambiente para essa colocação em questão do sexo pelo complexo de castração, nem para essa tessitura particular do Nome-do-pai na cadeia significante, sem os quais dificilmente se veria operar a disjunção radical entre libido e desejo de analista pela qual funciona esse desejo. Nada de análise sem esse desejo naquele que conduz a cura. Mas o que ele faz desse desejo fora de sua prática? É uma discussão de fundo: como efeito de estrutura, o desejo de analista não poderia ser apagado após a saída do último paciente. No entanto, ninguém é analista vinte e quatro horas por dia. Então? Aí está o risco das próteses libidinais que dizem respeito ao espírito e ao corpo. Existe uma maneira de discurso analítico que é situada pela impossibilidade de tratar a realidade como uma ficção de outra maneira que pela expressão literária ou pela explicação do texto. Aí está a razão de Lacan ter proposto estruturas algébricas ou topológicas, e nenhumas outras, desse discurso. A escrita aqui quase ideogramática integra a ficção do saber tratado como verdade. Sem dúvida não se pode sem risco manter sempre abertas essas deiscências do real das quais o outro, em seu sonho unificante, pede repetidamente reparação.

Preferir a denominação "desejo de analista" à expressão mais habitual "desejo do analista" tem como conseqüência a atenção mais exigente dirigida ao analista como função. Essa escolha exige reconsiderar, para cada analista, mas também mais teoricamente, o enodamento entre sintoma, ética e desejo de analista, referido à cura, e tal como ele pode ser extraído no quadro de um dispositivo sobre a prática ou de um procedimento de Passe.

(5) Lembrarei a gozação de Lacan: "A psicanálise é o tratamento que se espera de um psicanalista". Por uma tal formulação se desvela uma concepção da psicanálise como estrutura, a da cura.

Esse ponto é determinante na abordagem da questão do sintoma, tanto em clínica quanto no que pode dizer o psicanalista sobre o mal-estar, o da psicanálise ou o da civilização.

---

[5] Claude Dumézil, Comunicação lida no congresso de Berlim da Fondation européenne pour la psychanalyse, 1998.

O psicanalista encarna uma função, quase que no sentido matemático do termo (e não no sentido de um funcionário). O operativo dessa função na cura esclarece-se considerando-se esta como uma estrutura dinâmica resultante do encontro, em um dado espaço transferencial, da estrutura inicial de um paciente com um desejo de analista.

Certas análises didáticas ou certos "passes" sublinham uma sintomatização desse desejo em seu tornar-se e suas menos discutíveis efetuações. Lembremos que Lacan formalizava a realidade psíquica e o complexo de Édipo no sintoma como quarto elemento necessário para segurar o encadeamento borromeano dos três registros, Real, Simbólico e Imaginário, dos quais se conhece a incidência na relação com o social e nas variações da clínica.

... A estrutura da cura remete, então, ao desejo de analista que garante seu rumo.

(6) Lacan utilizou o conceito de desejo do analista nos anos sessenta, na mesma veia de pensamento que a do seu seminário sobre o Ato analítico ou de sua proposição de outubro de 1967 que permitiu, dois anos mais tarde, na École freudienne de Paris, a instauração do procedimento do Passe.

Digo aqui desejo de analista e não desejo do analista para ressaltar a natureza de função desse desejo, que não poderia se confundido com um desejo de função, a de ocupar o lugar de analista, a trabalhar na cura, como de outras ocorrências: sintomas diversos, estrutura edipiana, identificação com o analista, etc.

A tese que sustentarei é que o desejo de analista abre uma questão específica de estrutura, porque não psicopatológica: a que, sem dúvida, levou Freud a descobrir a psicanálise e, desde então, não pára de tomar alguns numa paixão pelo inconsciente incompreensível para a maioria. Essa questão do desejo de analista assim formulada, não como acabamento, mas como ponto de partida de um percurso na estrutura, centra de modo diverso o debate sobre a formação, a transmissão e a invenção da psicanálise, sendo que esses dois últimos termos não são para serem tomados, sabe-se, como

---

[6] Claude Dumézil, "Le désir d'analyste en question" [O desejo de analista em questão], em *Travaux* 89/97 do Groupe d'étude du Trait du Cas, já citado.

alternativa, mas como os dois tempos atados que Lacan chamou de psicanálise em intensão e psicanálise em extensão.

Podemos nos perguntar se, no que compõe o laço social entre analistas (associações, escolas ou outras instituições analíticas), as guerras incessantes não seriam imputáveis à recusa ou à impossibilidade para alguns de dissociar esse desejo de analista da libido comum, de se abster de uma defesa mútua contra o que Lacan chamava de "o horror" que o analista pode ter de seu ato, que o remete à crueza ou nudez da falta ou da divisão pela qual ele é marcado. Muitas boas almas, desconhecendo essa hiância ou não querendo saber nada disso, reduzem comodamente e de maneira projetiva a jogadas de "poder" as iniciativas que visam fazer fracassar o conforto do imaginário dos grupos ou de um soberbo isolamento. A alienação do desejo de analista na preocupação pragmática e corporativista de uma adequação do Ato analítico às normas estatizadas das profissões regulamentadas é matéria de atualidade. Ela deve ser aproximada das resistências tenazes e repetitivas ao Passe ou aos dispositivos sobre a prática da análise dos que, confundindo os efeitos e as causas, preferiram ficar aquém da prova ou condená-la em nome da ordem associativa ou da assistência à pessoa em perigo... (a seqüência do texto se baseia em "O ano Mozart", cf. infra, em ressonância p. 129), ... texto que expunha o fazer fracassar esse desejo de analista por duas eventuais pacientes notáveis, uma pelo fardo que sua rara beleza plástica fazia pesar na sua vida de ser-falante, a outra pela curiosa interferência dos significantes de que era portadora com alguns dos meus; ao ponto, nesse segundo encontro, de, da escuta preliminar que eu fazia, ter surgido, em um momento em que eu menos esperava, em duas palavras e três fonemas, a inscrição significante, como um brasão, de minha cunhagem edipiana...

Meu relato tanto quanto essa inscrição encontrariam, como na história da primeira paciente, a questão das relações particulares com o "nome do pai" como metáfora, abrindo ou não para a cadeia significante, um pouco, muito, apaixonadamente ou nada*. Recalque, sublimação ou forclusão, tais surgiam minhas questões sobre um laço possível entre essa característi-

* Aqui temos o jogo do "bem-me-quer, mal-me-quer", que se faz puxando as pétalas de uma flor. Em francês há opções diversas ao invés do nosso sim e não. (NT)

ca edipiana e um tornar-se analista como única alternativa possível a um destino mais funesto, do lado da estrutura psicopatológica. Um colega, Bernard Brémond, retomou recentemente, no grupo de estudo do Traço do caso, de onde havia saído o material de meu relato clínico, essa questão da origem do desejo de analista em relação a um "traumatismo" da infância no qual uma figura paterna teria sido obstáculo às vias habituais da sublimação.

Os entrelaces dos discursos de meus dois pacientes com a emergência inesperada de uma formação de meu inconsciente que tratava tão claramente de uma metáfora paterna desgastada [*écornée*] ressaltava ao mesmo tempo a inscrição do desejo de analista na cadeia significante em seu lugar de fragilidade e o fiasco de sua efetivação no próprio contexto que a revelava. Da trombada com esse desejo me voltou a fórmula que Lacan forneceu a respeito, desejo de x, e o x obcecante de um outro paciente neurótico frustrado pelo sexual, esse jogo de letras indicando talvez o ponto de junção e de disjunção radical entre libido e desejo de analista.

A impossível sublimação sem dúvida não é suficiente para infletir a paixão do significante. Foi por essa razão que fui levado a supor uma forclusão parcial do Nome-do-Pai, quer dizer, do pai como puro significante. Parcial pois que não psicotizante, em nome, diria eu, do lugar que a mãe designa à palavra do pai, "ao caso que ela faz de sua palavra", de sua autoridade, do lugar que este ocupa na fantasmática ou na realidade sexual do casal. Pai real desfalecente do lado da metáfora sem que seu nome seja totalmente faltante, recuperação possível da lei do significante pela mediação de uma mãe para quem funciona muitíssimo bem a metáfora paterna na sua linhagem, estamos sempre nas vias das neuroses. Falta um pouco mais para que surja o desejo de analista como estrutura: o desvelar da forclusão da linguagem, do significante que falta, do LA barrado utilizado por Lacan para a escrita de LA Femme. O dispositivo dito do Traço do caso e sem dúvida outros dispositivos que enquadrem um retorno à prática da análise freudiana operam, já o apontei, no *après-coup* da cura que seguimos, das curas que conduzimos, de uma candidatura ao Passe; mesmo julgada performática.

[...] Falando dos obstáculos das curas, um praticante da análise é remetido por efeitos de enunciação à sua entrada em análise e a seu "final", a seu desejo no que o funda como sujeito falante, ou seja, à própria letra que o representa, significante para outros significantes, subjetivação preliminar a toda dessubjetivação.

[...] O questionamento do sexo pelo complexo de castração, a realidade estrutural desse "não há relação sexual" como conseqüência da captura do sujeito na ordem significante (onde se inscreve a incompatibilidade original de toda passagem ao ato sexual entre analista e analisando com o prosseguimento da cura), uma tessitura particular do significante do nome do pai na cadeia significante, tais são os elementos que proponho reconhecer na origem desse desejo de analista intratável.

A perspectiva aqui introduzida relança de fato a interrogação sobre o que faz o motor da cura e da transferência na análise. É toda a prática e a teoria da direção da cura que ali sem vêem recolocadas em tensão com a exigência que impulsiona então a pesquisa: tentar falar um pouco mais sobre o que Lacan havia chamado de "desejo de x".

(7) Qualquer intervenção em uma cura traz a questão de saber de que lugar o analista se autoriza a falar.

Foi necessário aguardar a crítica que Lacan fez da contratransferência para introduzir uma outra dimensão no exercício da interpretação. De fato, desde o momento em que ele ressalta o paradoxo que consiste em colocar a antinomia "de definir o analista ideal ao mesmo tempo como aquele (em quem) que, no limite, não teria mais nada de inconsciente, mas que, ao mesmo tempo, conservaria dele uma boa porção", nós nos confrontamos com a necessidade de precisar qual é essa "boa porção" conservada.

Essa "boa porção", Lacan a leva a seu ponto mais alto, pois na sua concepção de análise não apenas o analista não está "fora do alcance das paixões(8)", mas "quanto melhor o analista for analisado, mais será possível que ele seja francamente amoroso, ou francamente tomado por um estado

7 Robert Lévy, "Le direction de la cure au risque du désir d'analyste", em *Le désir contrarié*, Toulouse, Érès, 1999 [Tradução brasileira: *O desejo contrariado*, Rio de Janeiro, Companhia de Freud, 2004].

8 Jacques Lacan, *Le Transfert*, Paris, Le Seuil, 1991, p. 219 [Tradução brasileira: *A transferência*, Rio de Janeiro, Jorge Zahar Editor, 1992].

de aversão, de repulsa, dos modos mais elementares da relação dos corpos entre si, com relação a seu parceiro(9)", então "é possuído por um desejo mais forte que os desejos que poderiam estar em jogo, ou seja, de chegar às vias de fato com seu paciente, de tomá-lo em seus braços ou de atirá-lo pela janela(10)". Entendamos por isso que um desejo "mais forte" não é reduzível ao desejo sexual, mesmo se, tratando-se da contratransferência, ou da análise didática, "a psicanálise é, com efeito, bem pessoal, mas para quem a dirige(11)".

O que entender então por "desejo mais forte", se não for poder distinguir o que se produziu como "transformação" no remanejamento do desejo de um analista que Lacan não hesita em aproximar do desejo de morte, enquanto "de todos os desejos o mais forte deve ser mesmo o desejo da morte(12)".

O desejo de morte é, para Freud, por definição, não sexual, e no entanto o encontramos em um "além" de qualquer gozo fálico bem-sucedido. Entretanto, está bem aí o ponto a partir do qual pode-se conceber a reorganização, a reestruturação do desejo no analista: "Pode realmente haver alguma relação do analista com Hades(13)". Mas não é com a morte, mas com um morto, o que nos leva a evocar o paradoxo da partida de bridge, que não abordaremos agora, a não ser para assinalar que na direção de uma cura uma coisa é que o analista ocupe o lugar do morto e coisa totalmente diferente é que ele se faça de morto!...

(14) "Um desejo mais forte", é nesses termos que Lacan fala do desejo do analista... E mais adiante, no mesmo seminário, retomando em conta

---

9 Jacques Lacan, *op. cit.*, p. 217 [Tradução brasileira, p. 186].

10 Jacques Lacan, *op. cit.*, p. 220 [Tradução brasileira, p. 187].

11 Jacques Lacan, *Scilicet* 1, Le Seuil.

12 Jacques Lacan, *L'éthique de la psychanalyse*, Paris, Le Seuil, p. 346 [Tradução brasileira: *A ética da psicanálise*, Rio de Janeiro, Jorge Zahar Editor, 1986]; "Hadès et Dyonisos ne sont-ils pas une seule et même chose?" [Hades e Dionísio não são uma só e mesma coisa?].

13 Jacques Lacan, *Le Transfert*, Paris, Le Seuil, p. 222 [Tradução brasileira: *A transferência*, Rio de Janeiro, Jorge Zahar Editor, 1992, p. 188].

14 Bernard Brémond, "Le désir d'analyste: un désir faustien?" [O desejo de analista, um desejo faustiano?], *AFP*, nº 11, outono de 1995.

própria uma posição socrática, ele acrescenta: "O desejo, de todos os desejos o mais forte, deve ser mesmo o desejo da morte[15]". Robert Lévy articulou esse ponto (cf. *infra*) em seu texto em que fala "do remanejamento do desejo de um analista que Lacan não hesita em aproximar do desejo de morte"...

... Eu chamo a atenção de Robert Lévy para essa leve inflexão sobre a qual me parece útil nos determos um instante: desejo de morte e desejo da morte. Se o desejo de morte está numa estreita afinidade como o desejo de morrer, o desejo da morte vem, eu acho, sinalizar um além, "o além de todo gozo fálico bem-sucedido"... há um canto que fratura o laço entre desejo de morte e desejo da morte, onde vem se abrigar o desejo de analista.

Há "alguma relação do analista com Hades, a morte". Ao analista, de onde isso lhe vem? Ou, para retomar uma pergunta feita por Lacan em junho de 1972, "é absolutamente anormal – objeto a normal – que alguém que fez uma psicanálise queira ser psicanalista. Verdadeiramente, é preciso uma espécie de aberração... por que alguém que sabe o que é a psicanálise por sua didática pode ainda querer ser analista[16]?".

Ao longo de trabalhos precedentes, tornados possíveis no quadro do dispositivo sobre a prática "o Traço do caso", Claude Dumézil e eu[17] havíamos abordado, pelas vias a cada um singulares, o seguinte ponto: um desejo de analista vem a se inscrever na estrutura de um sujeito como efeito de certos avatares da metáfora paterna. Claude Dumézil falava de "metáfora desgastada [*écornée*]", eu falo de um entalhe, ou uma primeira incisão nessa metáfora. Esse entalhe consiste, para o sujeito, numa janela entreaberta para o gozo do pai enquanto ele se cumpre em outro lugar que não com uma mulher ou mulheres. É esse gozo entrevisto que, bem antes da experiência

---

15 Jacques Lacan, *ibid.*, p. 221 [Tradução brasileira, p. 188].

16 Jacques Lacan, *Le savoir du psychanalyste*, Entretiens de Sainte-Anne [O saber do psicanalista, Encontros de Sainte-Anne], 1/06/1972, inédito.

17 Os textos de Claude Dumézil – "L'année Mozart [O ano Mozart]" e "Le désir d'analyste em question" [O desejo de analista em questão]" – e de Bernard Brémond, "L'inconsciente de l'analyste: déplacé! [O inconsciente do analista: deslocado]", estão publicados na compilação dos *Travaux* 89/97 do Groupe d'étude du Trait du cas; igualmente aqui, em "Ressonâncias", o Ano Mozart (p. 129).

de uma análise, mostra que, mesmo com todas as mulheres, o Pai não goza... totalmente. Lacan com certeza já nos indicou que o "pai nada mais é que um sintoma[18]" e que o mito freudiano de *Totem e tabu* dá consistência ao desejo de Freud – está aí a impureza de seu desejo de analista – de encontrar apoio nessa formidável figura do *Urvater*... O trabalho, a partir de Lacan, permite que se perceba que o desejo de analista se apossa de um sujeito para quem um entalhe na metáfora paterna impôs a descoberta precoce de que o mito freudiano é... bichado*... se vocês me autorizam a brincadeira. Esse sujeito se viu então em uma encruzilhada determinante para o destino de sua libido: era então tarde demais para a psicose, e um entalhe na metáfora paterna não equivale a uma forclusão do nome do pai; mas era também cedo demais para conseguir dispensar o Pai, e as vias da neurose e da sublimação se vêem barradas. Um desejo, marcando o sujeito com seu traço, vem aqui se inscrever como solução para a "disjunção da libido" (Claude Dumézil) que esse entalhe produziu, desejo que não receberá seu nome a não ser após os remanejamentos do desejo em que consiste uma psicanálise: desejo de analista... E nesse tempo, no qual foi imposto ao sujeito esse abalo de seu sistema simbólico, algo morreu: a "fé" no apelo ao Pai... a disjunção da libido que se segue está ligada à conjunção com a qual o sujeito se viu então confrontado: a conjunção de uma demanda de um significante do sexo ou da diferença sexual, significante faltante por definição, com a abertura dessa janela para o gozo do Pai, que teve para o sujeito valor de resposta à sua demanda. É todo o recurso possível ao valor enganador do circuito da demanda que se viu potencialmente furado de maneira irremediável.

Freud, sem dúvida, nunca conseguiu se ver livre da suposição de que o Pai, e só ele, possui o pleno gozo. Com e desde Lacan, podemos saber que esse mito nada mais é que uma ficção, operatória, claro, necessária sem dúvida, mas destinada a cair. A hipótese que surge de nosso trabalho reúne-se desde então com esse outro enunciado lacaniano: "a psicanálise, ao ser exitosa, prova que se pode muito bem passar sem o Nome-do-Pai, desde

---

[18] Jacques Lacan, "Le sinthome", em *Ornicar?*, Boletim periódico do *Campo Freudiano*, nº 6, março-abril de 1976, p. 9.

* *Mité* (roído pelas traças) / *mythe* (mito). Trocadilho intraduzível. (NT)

que façamos uso dele[(19)]". Dessa maneira, seria tomado por um desejo de analista esse sujeito que, cedo demais, teve que aprender a passar sem o Pai, no momento em que justamente aprendia a usá-lo. É no ponto em que o Pai, o Nome-do-Pai, revelou-se nada mais ser que o *sintoma* por excelência que vem se originar esse desejo mais forte, desejo da morte, desejo sem demanda ou desejo de nada...

Então, é um processo de separação que o desejo de analista introduz: Lacan definia: "O desejo da análise não é um desejo puro. É um desejo de obter a diferença absoluta, a que intervêm quando, confrontado com o significante primordial, o sujeito está pela primeira vez em posição de sujeitar-se a ele[20]". Era, sem dúvida, uma maneira de o situar além da diferença sexual, fora também de qualquer sublimação. Lembrando-se que o objeto a, *objeto causa do desejo, não é exatamente nenhum objeto-em-si, como esse desejo evitaria o confronto com esse Outro absoluto, figura da morte, confronto no qual se revela sem dúvida a própria estrutura do desejo?...*

EM RESSONÂNCIA: *O ano Mozart*

---

[19] Jacques Lacan, "Le Sinthome" em *Ornicar?*, nº10, julho de 1977, p. 10.

[20] Jacques Lacan, Les quatre concepts fondamentaux de la psychanalyse, Séminaire, livre XI, Le Seuil, p. 247. [Tradução brasileira: *Os quatro conceitos fundamentais da psicanálise*, Jorge Zahar Editor, Rio de Janeiro, 1979].

Capítulo 5
Nomeação

"A associação se propõe reconhecer aqueles de seus membros cuja prática clínica e teórica se basearia na ética psicanalítica tal como a associação a sustenta através de sua experiência".

Essa declaração, extraída da ata de fundação da Analyse freudienne, encontra seu respondente nos estatutos da associação, nos quais "reconhecer" se inscreve em um projeto operatório que insiste no caráter instituinte desse ato. Trata-se de se produzir uma lista de nomes e não de nomear um.

Essa modalidade, o estabelecimento de uma lista de nomes, é portadora do seguinte efeito: "reconhecer", "nomear" remetem mais a este efeito do que àquele ou àqueles que seria o caso de... reconhecer como... Aqui, o nome próprio é amarrado a uma lista da qual é indissociável, ele é deslocado de seu caráter uninominal e de seu lugar de inscrição no social; o nome próprio só vale, no nível analítico, na medida em que remeta ao sujeito dividido como efeito do significante.

A lista na qual os nomes são inscritos é efêmera em seu princípio, e para ser recolocada em obra regularmente, tanto do lado dos "nomeados" quanto dos "nomeadores"; essa lista é acompanhada, na tarefa daqueles que a produzem, de uma outra produção: a dos textos que, no final das contas, estão lá para tentar cernir a pertinência do ato.

Trata-se, entretanto, de uma lista de nomes próprios: nomes próprios um por um, que têm, implicitamente, seu estatuto de significante singular para um sujeito.

A nomeação aqui não é dependente, em linha direta, nem do engajamento em um ensinamento, nem de um pertencimento a cartel, nem de um "resultado" na saída de um Passe ou da participação em um dispositivo sobre a prática, e também não de um investimento no trabalho do próprio protocolo institucional. É, no entanto, nesses espaços transferenciais – lugares de transferência de trabalho – que pode se produzir ou não, para cada um, enunciação: eles permitem que se bordeje o que seria uma possível nomeação, uma nomeação que venha como uma escansão no possível discernimento de um tempo de análise para aquele em quem fica vivo um desejo de analista.

Tal procedimento de nomeação deve dar conta, em sua própria estrutura, dos paradoxos específicos e incontornáveis que o compõem: eles o interrogam em sua pertinência quanto a seu objeto: a psicanálise como teoria e prática singular do inconsciente na análise da transferência, e não, por exemplo, como compreensão ou tratamento psicológico da pessoa e de seu sintoma. A tarefa que se impõe aos cartéis, produzir uma lista, é uma maneira de levar em consideração o estatuto do nome próprio para deslocá-lo de seu lugar subjetivo: para desalojá-lo.

Quanto à análise em intensão, isso reenvia a um aspecto particular da nomeação: o da nomeação na cura com, notadamente, o discernimento pelo analisando da instância da letra no inconsciente.

Isso não deixa de ter conseqüências, no que tange à relação de um sujeito com seu nome, com seu patronímico, quanto ao que está em jogo na análise em extensão quando se trata da transmissão do lado do "público".

O processo de nomeação não pode se desenrolar fora, ou à revelia, do "político": ele está ativamente ligado às referências históricas do movimento analítico em seu conjunto e desde as suas origens: é de começo de jogo que a problemática dinâmica da transmissão da psicanálise interessa a comunidade psicanalítica. Por isso, que haja um modo particular de nomeação inerente à psicanálise não deve impedir que se explore a relação desta com outras áreas do conhecimento, nas quais a transmissão é regulada e organizada de outra maneira: nas áreas científicas ou universitárias por exemplo.

A. Alguns elementos de perspectiva histórica

(1) Lembramo-nos da montagem dos "títulos" na École freudienne de Paris: analista praticante (AP), analista membro da escola (AME), e analista da escola (AE). Isso lembrava longinquamente a clássica diferenciação estagiário, aderente e titular! Claro que, apesar do tenaz imaginário da massas, não era nada disso. A definição rigorosa dessas diferentes categorias de membros subvertia a idéia de grau [*gradus*]. Foi feito para isso.

Não existia ordem estabelecida para ter acesso a esses "títulos", dos quais nenhum (sobretudo o de AE) implicava que se o portasse ou que se viesse a portar um dia tal ou qual dos outros.

Declarar-se psicanalista, tal era a razão do título de AP. Provir de uma competência, do de AME. Provir do desempenho, do de AE.

Vê-se bem que, se esses três títulos tentassem, inadvertidamente, colecionadores de medalhas, estes teriam, às suas custas, se enganado, com efeito: como ser pato de um título autoconcedido (AP)? Ou de um título que não vale mais que competência de escola (AME), enquanto há os que voam nas altas esferas da performance (AE)? Quanto a estes, aventurados nesse passo ao lado [*pas de coté*] da análise didática, sua qualificação de analista da experiência da Escola não valia uma habilitação de praticante... Era apenas na perspectiva das três categorias de membros que cada um podia experimentar, como analisando, o sentido ético da impossibilidade estrutural de uma habilitação totalizante.

(2) Por que re-introduzir essa questão da lista, já que, na ocasião da fundação dos Cartéis constituintes da análise freudiana, nós a havíamos explicitamente descartado? Por um lado, nosso princípio "nada de listas de analistas no início da associação" só se referia à partida, sem prejulgar sobre a continuação. Mas é um fato que mantivemos "nada de lista" durante oito

1 Claude Dumézil, "Qui reconnaît quoi?" [Quem reconhece o quê?], *AFP*, nº 9, Cahiers de l'association, novembro de 1994.

2 Claude Dumézil, "Le protocole institutionnel" [O protocolo institucional], *AFP*, nº 1, Cahiers de l'association, maio-junho de 1992.

anos e que muitos membros dos CCAF que não estão conosco hoje fazem questão religiosa disso, mais ou menos como um sintoma.

[...] Como havíamos escrito nos estatutos, não é certo que o seu funcionamento (o do protocolo institucional) resulte na produção efetiva de uma lista, mas pelo menos ele terá o mérito de re-abrir as questões que cercam a nomeação e, de toda maneira, dissolver, e não só imaginariamente, a listinha implícita oriunda de nossos antecedentes.

[...] Permanecendo nessa perspectiva histórica, voltemos um pouco atrás, para a psicanálise em seus princípios, e para a questão colocada pela transmissão no momento em que uma instituição para a psicanálise e os psicanalistas está na ordem do dia... ao lado dessa instituição que é a cura: não se pode deixar de destacar a relação que têm a nomeação e suas incidências com a estrutura da psicanálise e de sua instituição.

(3) [Esse] tema do "público" é uma noção-chave para Freud no momento da ruptura com Fliess. Trata-se para ele de assegurar a recepção de sua descoberta em um lugar reconhecido como Outro não-especular, não-delirante, que ofereceria reconhecimento, ou seja, nomeação. Fliess, em seu clarão delirante, dava prova ali de que esse procedimento não podia, para ele, ultrapassar o quadro privado, o quadro dual, exceto fundando-se alhures uma idéia persecutória (o plágio em praça pública).

(É uma referência ao caso Swoboda, mencionado mais acima nesse artigo: Swoboda era doutor em direito e em filosofia, substituto de catedrático de psicologia da faculdade de Viena; era amigo de Otto Weininger e um analisando de Freud. Freud lhe falou de sua teoria da bissexualidade (tratava-se principalmente das elaborações decorrentes dos trabalhos de Fliess). Swoboda passou idéias a Weininger, que as utilizou em seu livro Sexo e caráter. *Após o suicídio de Weininger, Swoboda, que o havia colocado sob suspeita de haver roubado suas teses, redigiu uma obra sobre os "períodos" do organismo humano em suas significações biológica e psicológica. Essa publicação desencadeou, em 1904,*

[3] Serge Sabinius, "Notes sur l'institution psychanalytique, le nom de Freud et la paranoïa" [Anotações sobre a instituição psicanalítica, o nome de Freud e a paranóia], *AFP*, nº 13, Paris, L'Harmattan, outono de 1996.

um sofrido caso de plágios sucessivos. Fliess acusou Freud de lhe haver "roubado suas idéias" sobre a bissexualidade por intermédio de Swoboda e de Weininger.)

Para Freud, a via delirante é barrada e a instância da questão do público o conduz a um ato fundador. Em outubro de 1906, ele toma então a decisão de institucionalizar suas reuniões privadas da quarta-feira, em lhes conferindo o nome de "Sociedade". Esse ato de fundação é apoiado pela nomeação de um "secretário" (O. Rank, em 1906) encarregado de consignar, datar, controlar e colher assinatura dos autores para cada uma das intervenções dos participantes. Freud, por essa manobra que introduz o jogo de um terceiro, remete claramente à instituição o cuidado meticuloso de se proteger contra qualquer nova chama paranóica: a cada pensamento, um nome de autor oficial consignado pelo secretário. O "público de um só", lugar da ruptura e do escape delirante, funda dessa maneira, com sua temática, o movimento institucional psicanalítico. Este junta assim suas fundações no ato que o criou; o que prega peças no delírio paranóico que cerne o nome, o nome de autor; quer dizer, aquele que enlaça a fala ao escrito, sempre susceptível de ser furtado, desviado, pilhado. "Fui bem-sucedido", concluirá Freud em uma carta a Ferenczi, "ali onde o paranóico fracassou".

[...] Berlim, março de 1936: o Instituto Psicanalítico de Berlim se integra no grande projeto governamental no interior do Instituto alemão para a pesquisa e a psicoterapia, chamado de Instituto Göring, do nome de seu fundador, ele mesmo controlado por um departamento do Ministério do Trabalho. Um responsável por esse departamento informa então Boehm que, embora a psicanálise seja efetivamente reconhecida como "terapia útil", lhe é dali em diante proibido se valer do *nome* de Freud e ela deve se submeter aos imperativos reeducativos e normalizadores do poder político totalitário. Todos os bens e arquivos são imediatamente confiscados e, em maio de 1936, o instituto é obrigado a deixar a IPA.

Uma última vez (segundo Jones, em janeiro de 1937), Freud é consultado e Boehm viaja de novo a Viena. Ele voltará com o seguinte comunicado: "Não dou a menor importância a que meu nome não seja mencionado na Alemanha enquanto minha obra estiver concretamente presente".

[...] A posição dos freudianos da época consistiu em organizar a teoria da transmissão pelo modelo da herança, delimitando um conteúdo "científico". Parece aí que Freud deixa de distinguir, em torno dessa questão do nome, o que concerne ao emblema, à figura da estátua decorrente de todo poder, e ao pai da horda, do que no nome concerne ao que lhe dá eficácia, sua função de reconhecimento, sua função paterna, sua função "pública", relegando assim aos armários o que no íntimo se ergueria como ídolo.

[...] A instituição analítica se apóia na posição paranóica na medida em que esta põe à prova o Nome de seu fundador em sua relação com o próprio objeto que ele funda. Essa posição – em sua rigidez estrutural – é tanto o que circunscreve a instituição, permitindo-lhe paradoxalmente o desenvolvimento de seu conteúdo (teórico e prático), quanto o limite mesmo que obstaculiza esse desenvolvimento.

A história de Freud, por duas vezes às voltas com a questão do nome e da cena persecutória, é nesse sentido exemplar de que, para se agüentar, a instituição analítica deve se confrontar (sem resolução) com esse paradoxo...

B. Uma lista... das listas de analistas: nomeação e protocolo institucional

A formação do analista, no caso, o que está em jogo do espaço da cura ao público da transmissão, passa pela dimensão institucional que põe em jogo uma série de significantes (nomeação-reconhecimento-garantia-habilitação) na qual se articulam as categorias do Real, do Simbólico e do Imaginário. Essa passagem é incontornável e implica a elaboração de dispositivos que permitam uma colocação em ato da questão da nomeação, do que está em jogo, de seus riscos e de suas detidas.

Freqüentemente no fio da navalha, é com um paradoxo que se lida, o que é absolutamente heterogêneo à maneira pela qual as coisas são tratadas em outras áreas, por exemplo universitária, jurídica, religiosa...

O título de analista pode pressagiar uma possível função-analista? A função-analista é compatível com um título de "psicanalista", que supõe habilitação e garantia?

[4] Isto tem sua importância, se nossa intenção não é a de fabricar listas de praticantes, ou de psicoterapeutas. Nesse quadro, parece funda-

4 Geneviève Granier de Cassagnac-Grauloup, texto no cartel do protocolo institucional, outubro de 1996.

mental ater-se a precisar o papel do gozo na função analista, assim como o de seus efeitos (questão do desejo do analista em marcha e em ato no que doravante é costume chamar de desejo de analista).

[...] O que acontece com uma análise que não aborda a questão do real, com seu porém: que questão empurrou ou não uma "condução" de cura para o lado desse "desvelamento", não mais simplesmente do recalque, o que situa uma orientação em direção ao édipo e à castração simbólica, mas para o lado de um "desabrochar" na vertente do real, desembocando em uma espécie de levantamento da forclusão? Na medida em que se ponha em relação esses três termos: levantamento, forclusão e real!

É com essas questões que cada um de nós é levado a fornecer "lista"; isso não funcionaria sem um questionamento dos dispositivos associativos, tela na qual se projeta o risco que cada um assume para produzir...

[(5)] ... Parece-me não somente atual "nomear" um analista, mas "atestar" que "alguns outros" entenderam bem o valor que um analista dá a testemunhar o que o fundamenta para produzir um ato, quer dizer, em que ele nada mais é que função; e isso com a regra que cada instituição adotou para fazê-lo. É ainda necessário que haja uma e que seja enunciada de maneira clara.

[...] Parece-me que é a única coisa que uma associação de psicanalistas possa garantir... ou seja: que dispositivos e um protocolo institucional estão em ação para atestar que alguns dos membros que a constituem estão numa certa relação com a ética que ela sustenta. Em outros termos, que certos de seus membros se encontram num momento em que pagam o "preço inexprimível da confiança de um sujeito como tal", fazendo-o saber a alguns outros pelo empenho que assumiram em passar ao público, de todas as maneiras possíveis, seu desejo de analista como função.

[...] Trata-se de reinventar a psicanálise, o que consiste para cada analista em um certo forçamento em efetuar a operação de (de)nominar [*(dé)nommer*] a psicanálise de Freud, de tal maneira que os significantes de seu desejo sejam enunciáveis por esse mesmo ato, em os fazendo "passar ao público".

---

5 Robert Lévy, "Le désir d'analyste est-il formable" [Seria o desejo de analista formável?]. *AFP*, nº 9, Cahiers de l'association, novembro de 1994.

[6] A psicanálise, como prática de fala, e sobretudo como invenção, foi, primeiro, produção de conceitos. Toda a obra de Freud é uma tentativa de nomear os bons conceitos, aprimorá-los, fazê-los jogar entre si, articulá-los, "para delinear as coisas", diz Lacan.

O autor vai em seguida se referir ao livro de Jean-Paul Kauffmann, L'arche des Kerguelen [O arco das Kerguelen], *comparando a posição do cavaleiro de Kerguelen diante de sua "invenção" (a descoberta de terras virgens sem nome) e a de Freud inventando a psicanálise e seus conceitos.*

Como do lado das Kerguelen, tratar-se-ia de fazer existir o inominado, de colar essas "coisas" com a linguagem, com a ordem simbólica que já está lá, invariável, implacável.

Haveria aí uma iniciativa cultural, se supusermos cultura e simbólico amplamente superponíveis.

Mas a cura não é somente inscrição de significantes, nova articulação entre eles, produção de sentidos. Não é somente fabricação de um discurso ali onde só havia recalque e censura.

Ela pode ser também, pela nomeação de certos significantes enigmáticos, produção de novas questões às quais a interpretação só poderá responder pela metade.

Quando Freud descobre a interpretação dos sonhos, com o sonho da "injeção em Irma", ele fala ao mesmo tempo do sentido disso tudo, de uma interpretação completa e de um empreendimento inacabado; haveria ainda outras pistas a seguir. Mesmo ultra-interpretado, o sonho ainda formula enigmas.

No seminário sobre o Eu, Lacan destaca a dimensão de nomeação nesse texto de Freud, de nomeação da própria descoberta.

Através do enigma da trimetilamina, Freud produz um significante que seria, segundo Lacan, "a última palavra, a palavra de tudo, o que não quer dizer nada a não ser que é uma palavra".

Aí o significante chega lá onde a angústia aponta no momento de uma apreensão "do Real no que ele tem de menos penetrável, do real sem nenhuma mediação possível, do real último", que Lacan superpõe nesse texto ao

---

6 Serge Granier de Cassagnac, "Nomination, appréhension do Réel?" [Nomeação, apreensão do Real?], *AFP*, nº 6, Cahiers de l'association, setembro-outubro de 1993.

"objeto essencial", "essa alguma coisa" frente à qual todas as palavras param e todas as categorias fracassam, o objeto de angústia por excelência.

O sonho atinge "o ponto de angústia onde o sujeito reencontra a experiência de seu dilaceramento, de seu isolamento do mundo".

Não estaria aí precisamente o que permite a nomeação de Freud como inventor, a nomeação de Freud como analista, pela nomeação do desejo de analista?

É então nessas paragens, nos limites do indizível, nos confins do Real, que Freud é confrontado com seu desejo de ser o criador, e é lá que ele se debate com transgressão e culpabilidade. Lacan formula da seguinte maneira: "Sempre se é culpado por transgredir um limite até então imposto à atividade humana".

Também é aí que devem ser discernidos os discursos que permitiriam a abordagem de uma nomeação como a que nos ocupa, nos quais se ouviria algo da fundação de uma prática, algo do discurso do analista.

[...] Tratar-se-ia de nomear a partir de um discernimento do real que estaria em jogo na formação do psicanalista e que teria a ver com a estrutura do desejo do analista.

[...] (A invenção desse protocolo) nos pôs – aqueles que se propuseram a isso – em um lugar impossível, a girar ao redor de uma hiância, e a resistir, como Kerguelen, aos efeitos de nosso ato.

(7) "Segundo o dicionário *Robert*, a origem da palavra, protocolo, está em 1330, *prothécolle*, minuta de um ato, do grego *Kallaö*; *coller* [colar]*. Daí os sucessivos sentidos, de coletânea de fórmulas para os atos públicos

---

7 Danielle Treton, Texto no cartel do Protocolo, outubro de 1996.

* O dicionário Houaiss dá como origem da palavra em português o latim medieval *protocollum*, pela forma francesa *prothocole*; o significado por etimologia é "(1330) registro autêntico, (1655) a primeira nota, caderno ou registro, ou seja, o resumo e o sumário que os notários chamam *sumptum*, (1823) processo verbal autêntico das deliberações de uma conferência, (1859, no sintagma *protocole diplomatique*, 'protocolo diplomático') regras do cerimonial a serem seguidas nas relações políticas oficiais entre Estados e também entre ministros, empréstimo ao latim medieval *protocollum* < gr. tar. *prótókollon* 'primeira colagem de cartas que trazem diversas indicações que as autenticam', formado de *prôtos* 'primeiro' + *kólla* 'goma, donde cola'". (NT)

até, por extensão, à formula banal de polidez. Mas, na Idade Média, são folhas coladas a uma carta e que a autenticam. Sobretudo em diplomacia, é o texto de um compromisso, de um acordo sobre fronteiras, por exemplo. Aproximando-se da etiqueta, das precedências, do respeito às formas de vida em sociedade, é o cerimonial, a cortesia: as relações dos indivíduos que se apresentam em seu nome munidos apenas de seus dons e títulos qualificadores, [...] regrando as precedências, o passo.

Sentimos bem, na vida dessa palavra, protocolo, essa noção de papéis colados que regram as relações dos indivíduos em associação segundo suas qualidades; aqui se trata da qualidade de analista em função e de atos na... instituição – sobre a qual sabemos só existir uma: a cura.

Existe solução de continuidade entre o ato analítico e o engajamento institucional na associação. Relembro o significado de "solução de continuidade", que é uma expressão cirúrgica: falha, divisão, separação, ruptura. Essa expressão designa ao mesmo tempo a ação de separar, a separação e o que separa.

Nenhuma ilusória garantia, habilitação ou nomeação a esperar dessa lista, somente uma não-contradição com uma ética sustentada pela divisão do sujeito. A associação sustenta uma ética da análise freudiana e nada pode afirmar que o laço associativo participe disso, apesar de ser bem esse o seu objetivo (cf. a ata fundadora): "Testemunhar por seu engajamento no trabalho da associação", eis a qualidade requerida no protocolo de nossa associação de "sustentadores" de uma ética, a do saber inconsciente...

[...] Existe um risco significativo para a sobrevida da associação no exercício desse protocolo, pois ele ressalta a solução de continuidade da prática pessoal à prática institucional com suas ilusões de cola. "Alguns outros" nunca significou muitos.

(8) Tratar-se-ia, em nomeando *analistas*, de nomear algo *do* analista. Ou seja: a relação que ele mantém com seu nome próprio, tal como lhe volta como "nome de analista" de qualquer um que lhe impute isso...

---

[8] Jean-Claude Gross, "Prolégomènes à la mise en jeu du Protocole institutionnel" [Prolegômenos à colocação em jogo do Protocolo institucional]" *AFP*, nº 9, Cahiers de l'association, novembro de 1994.

Relação, poder-se-ia dizer, de *empresta-nome*. O analista posto em função não teria outra alternativa a não ser se separar de seu nome para deixá-lo servir aos fins daquilo para o que é chamado pelo analisando.

O que há a ser esperado da nomeação, na acepção da qual acabamos de fornecer algumas notas? O reconhecimento do psicanalista como aquele que "só se autoriza por ele mesmo... e por alguns outros"!

Não é sem esses alguns outros que ele se encontra numa instituição psicanalítica, chame-se ela escola ou não (tudo depende do que nomeamos "escola"). É nesses lugares de encontro com "alguns outros" que o discurso – que não poderia ser "analítico", se reservamos este para o espaço da cura – se desenrola a respeito da psicanálise. Da liberdade e do rigor desse discurso sobre a psicanálise depende um reconhecimento, não do analista detentor de um título, mas do analista sempre ao trabalho com a psicanálise, na cura, e na transmissão, pela qual, por isso, se encontra responsável.

É então possível situar a transmissão como vinda "a mais" e lhe atribuir essa qualidade de "não ser toda": maneira para nós de retomar significantes freudianos e lacanianos (o "restabelecimento da saúde" [guérison] "a mais" e o "não- toda" da verdade, da mulher), deslocando-os para qualificar a transmissão em sua relação com a nomeação.

Nós nos apegamos, sem dúvida, a não fetichizar o intransmissível inerente à psicanálise, na medida em que ela mantém seu quinhão de enigma: o quinhão de enigma que resta no inconsciente. Não fetichizar: aqui, a tarefa do analista não é "fechá-la", mas "abri-la"...

(9) Espera-se do protocolo que se possa enunciar em que a Analyse freudienne poderia "atestar que um de seus membros situa sua relação com a prática e a pesquisa teórica na ética que ela sustenta: a da análise freudiana". O que equivale a dizer que tal definição exclui *a priori* que qualquer um em seu nome próprio possa imputar a prova de sua ética ou de sua falta a qualquer outrinho que seja, pois, nesse caso, isso viria de uma simples opinião, ou pior, de uma moral pessoal que pretenderia fazer escola, o que

---

[9] Robert Lévy, "Discours psychanaléthique" [Discurso psicanalético], *AFP*, nº 4, Cahiers de l'association, março-abril de 1993.

excluímos *a priori*. Tal protocolo forma a invenção necessária para o questionamento crítico do imperativo outrora colocado no frontão da EFP: "O analista só se autoriza por ele mesmo", seguido por esse "e por alguns outros" acrescentado secundariamente. A que o analista se autorizaria a não ser a abrir de todas as maneiras possíveis e em especial no que diz respeito às precisões necessárias para dizer em que sua prática (entendamos: a de um discurso) manteria uma qualquer relação com a ética? Mas, para fazê-lo, é necessário ainda um praticável que lhe permita tal e que colha os diferentes testemunhos a respeito. Chegados a esse ponto, talvez seja necessário precisar que o discurso psicanalítico não é necessariamente o discurso de um psicanalista. Em todo caso, a "psicanálise deveria sustentar que o desejo de saber não guarda nenhuma relação com o saber" (Jacques Lacan, *O avesso da psicanálise*, 26/11/9/69). Não se espera de um analista que ele saiba, ele não está lá por ele mesmo, e é o que especifica bem a análise. "É o que se espera de um analista: o trabalho" (*ibid.*, 14/01/70). O que fundamenta sua função é pedir ao outro que diga "qualquer coisa", pois esse ato institui o analisando como sujeito suposto saber. O discurso analítico nada mais faz que encadear os três outros (*ibid*, 21/01/70) e, conseqüentemente, não os resolve. Daí, se um analista diz "Eu sei o que o outro diz ou escreve", ele encarna um saber que nada tem com a ética, mas que, ao contrário, fala bastante sobre seu gozo...

(10) A questão que nos ocupa hoje se relaciona inevitavelmente com uma ambigüidade, a da compatibilidade de um desejo de reconhecimento com um desejo de analista. Esse importante dilema, se pode se separar de seu peso de imaginário, só pode ser tratado na ligação-desligamento sujeito-instituição, no interior das associações em que cada um fixa a moradia da relação de seu desejo com o gozo...

... Quem reconhece o quê?

... O "que", na interrogação direta, está aqui em posição de atributo, de objeto. "Quem" está em posição de sujeito. Mas essas formas simples não representam nenhum nome. O fato de associá-las na interrogação faz

10 Claude Dumézil, "Qui reconnaît quoi?" [Quem reconhece o quê?], *AFP*, nº 9, Cahiers de l'association, novembro de 1994.

trabalhar a posição do sujeito (gramatical) e do atributo, um e outro não nomeados.

Quanto ao verbo *reconhecer*, é dele que vem um nome. O que reconheço posso nomear. Dar seu nome a uma criança que acaba de nascer chama-se reconhecê-la. Notemos oportunamente que esse *reconhecimento* (por que será que essa palavra também significa gratidão?) não implica conhecimento, pois pode-se perfeitamente reconhecer uma criança sem a conhecer. O prefixo *re* de re-conhecer está longe de indicar simplesmente uma repetição: o que reconheço, não o conhecia necessariamente antes. Parece-me que o prefixo ali figura para assinalar não uma repetição, mas uma reversibilidade: um reconhecimento, como o amor, seria sempre recíproco. Tomemos o exemplo de um reconhecimento de dívida: por um escrito, não se tem ali como visada a confissão de um estado de endividamento, eventualmente repetitivo, indica-se uma dívida pontual que nomeia/que é nomeada por uma cifra (uma soma), um devedor, um credor. O reconhecimento sempre implica um objeto e dois nomes: em suma, põe para funcionar o ternário.

Quem reconhece o quê? Essa fórmula põe para trabalhar o par sujeito/objeto ao redor do pivô do verbo. Em princípio, *quem* é empregado para as pessoas e *que*, para as coisas. Entretanto em *quem* há algo do *que* e vice-versa.

No reconhecimento de que falamos hoje, o que se trata então de reconhecer? Um analista, uma formação ou os que a asseguram? E quem a assegura? O analista, o analisando ou a instituição? Tratar-se-ia de reconhecer uma coisa ou pessoas? E a instância que reconhece é composta de pessoas físicas ou morais? E, nesse último caso, não haveria risco para a instituição de tomar por seu objeto a psicanálise ou a "coisa" freudiana?

... Se a instituição nomeia um analista, qualquer que seja o procedimento, um efeito de retorno nomeia a instituição. Instaura-se assim algo da ordem dessa dialética do nome da lei e da lei do nome na qual, como demonstra Moustapha Safouan, se inscreve imaginariamente a verdade como norma da crença.

A nomeação que resulta de um reconhecimento é portadora, em dois pares contrastados, de quatro elementos: imaginário-simbólico por um lado. Desejo e gozo, por outro. Se, tão só como sempre esteve, X te reconhece como analista de seu grupo, nenhuma lei vem conter seu imaginário fundador. Pode-se, em contrapartida, supor que seu desejo, estando implicado por essa nomeação, marca um limite para seu gozo. Se, ao contrário, não é mais só um que nomeia, mas alguns, a diferença passa pelas modalidades do reagrupamento desses alguns, pois a *circulação* das transferências disso depende.

[...] Quaisquer que sejam os dispositivos ou procedimentos postos, não anularão uma *distância* entre definição, questionamento e avaliação. Entretanto, o trabalho de elaboração que eles produzirão contribuirá para situar uma *inscrição* analista em uma lista como não contraditória com a teoria. Uma associação que não é uma escola não pode atestar que algum analista advenha de sua formação. Mas pode ela sem dúvida nomear aqueles seus membros que ela reconhece que situam sua relação com a prática e com a pesquisa teórica dentro da ética que ela sustenta: a da análise freudiana.

[...] Como em matéria de exatidão matemática, não poderia haver aí garantia absoluta. É nisso que o reconhecimento não é uma garantia e, nessas condições, esta não tem lugar de ser, pois só poderia ser imaginária.

Mesmo aproximado, o reconhecimento administra justamente a incompletude de cada um na sua relação com o nome próprio, e a perspectiva de se ver reconhecido como incompleto é congruente com a função do analista, como também o é com a função da instituição.

(11) O protocolo lista os nomes dos que se fizeram ouvir como atingidos pelo Real em jogo na fundação da Analyse freudienne e que, ante esse Real, não se queixam de impotência.

Sustentar que, "se a instituição analítica existe, ela nada mais é que a cura", organizar sua colocação em ato por um procedimento de Passe e por dispositivos sobre a prática disjuntos – ainda que não sem relação – de toda nomeação habilitante nos confronta com um Real que é aquele mesmo que diz respeito ao desejo de analista: trata-se de produzir uma nomeação que vá mais no sentido da perda que no da identificação com o nome. Chegaria eu a arriscar a fórmula: uma nomeação que produza e que coloque a trabalhar uma distância entre um sujeito e seu nome em uma lista?

---

[11] Bernard Brémond, Texto no cartel do protocolo institucional, outubro de 1996.

Nesse sentido, a produção de uma lista do Protocolo tem esse aspecto "passe ao seu vizinho". Pois ser suposto atingido por um Real e fazer ouvir que não se queixava, ante esse Real, de impotência é ser suposto decidido a ir em frente e, então, ser chamado ao relançamento. Quem é nomeado nessa lista pode a qualquer momento ser instado a prestar contas disso: de seu nome figurar na lista. Ser nomeado obrigaria, então, a testemunhar sobre o que se é suposto já haver testemunhado: que se situe "sua relação com a prática e com a pesquisa teórica" na ética da análise freudiana; vejo aí a possibilidade de uma nomeação que insira uma dívida ao invés de aboli-la, uma nomeação que não esteja apoiada em uma competência verificada, mas que, ao invés, torne o sujeito responsável por uma performance devida.

Teremos apreendido, não há nada de "experimental" na colocação em prática desse Protocolo, se experimental significa ensaio sem intervenção na realidade. A experiência e não a experimentação está em curso e, após várias "voltas" de sucessivos cartéis, a dimensão do ato incluída nesse funcionamento não pára de "produzir ondas", ou seja, de interpretar a instituição.

Ressaltemos ainda que, se há nomeação do lado do analista, ela é para ser o tempo todo reinterrogada: as dificuldades que ela levanta nos passos dos analistas que sustentam sua questão e os efeitos que se seguem aos atos de nomeação para um sujeito são pontos tão frágeis quanto fundamentais. Não se pode calar sobre eles: é exatamente o alcance dessa modalidade essencial do Protocolo, que quer que a lista de nomes não possa passar ao público sem os textos que acompanharam sua produção.

EM RESSONÂNCIA: *Do lado das Kerguelen*

Envio
A instituição em ato

O método é o caminho
depois que o percorremos.

[(1)] Lacan, sabemos, fez para si um nome, lendo Freud publicamente, reinscrevendo a descoberta desse autor no pensamento do século e tentando lhe restituir seu verdadeiro alcance: revolucionário.

Os suportes desse dinamismo letrado, necessariamente ligado a contingências do tempo, enraizado em algum obscuro determinismo pessoal, foram triplos (pelo menos): a prática da psicanálise, a produção semanal de um seminário de pesquisa, dificilmente classificável, entre a instituição universitária e a analítica, a fundação, em 1964, de uma célebre escola e depois sua dissolução voluntária dezesseis anos mais tarde. A bela briga que se seguiu entre os discípulos e o que ela produziu (ou produz ainda) de fecundo nas décadas seguintes como reordenamento do movimento psicanalítico francês, e em seguida internacional, não é o menor legado desse homem tão a par do inconsciente freudiano e da psicologia das massas.

Mais analista de sua escola que diretor (ou talvez analisando), com quase 80 anos, em detrimento de legalistas, burocratas ou cartistas de todo calibre, pôs a instituição em compasso com esse desejo específico que sua conceituação o havia levado a formalizar: o desejo do analista, aquele que às vezes vem à luz no final da cura, quando vacila o brilho dos objetos-causa,

---

1 Claude Dumézil, em AFP, nº 2, 2000, Toulouse, Érès.

quando a alteridade se parte, quando cai sua parte fantasmática e quando, com o laço transferencial, se dissolve o sonho da unidade egóica. Nós ainda não avaliamos totalmente as conseqüências institucionais do ensino de Lacan, por vezes reduzidas a caprichos de chefe, a perigosas geringonças não homologadas ou a predicados religiosos. É que se elude no palavrório o objetivo final das associações analíticas: além de indicar os trabalhos que são referência, organizar seminários de pesquisa e permitir a troca de práticas, nomear sua ética e não, cruamente, qualificar analistas.

Duas observações críticas são freqüentemente ouvidas a respeito do ensino de Jacques Lacan. A primeira diz respeito à dificuldade não apenas de fundo, mas de forma, como se ele mesmo tivesse, de propósito, complicado o acesso a esse ensino pelo estilo, pela sintaxe, pela pontuação. Alguns chamarão de preciosidade uma elegância, de gongorismo uma metáfora, de esquisitice o uso da lógica, de prestidigitação as manipulações topológicas ou borromeanas. É uma questão de abertura de espírito e, sem dúvida, também de experiência clínica: só quem teve muito pouca é que não reconhece no Lacan mais abstrato, graças a nosso saber perfurado, apesar sobretudo da paixão de nossa ignorância, a fina descrição da estrutura da linguagem, do sintoma ou da transferência. Como Freud, Lacan inscrevia seu percurso em um campo científico e nada dizia que não fosse ao mesmo tempo freudo-compatível e fundamentado na razão. Da mesma maneira que em Freud, o combate das idéias e a articulação conceitual de Lacan obedecem às leis da razão de acordo com as etapas provisórias de uma pesquisa em movimento. Daí o esforço necessário, para seguir o exemplo lacaniano (o que não significa receber a herança), ainda mais exigível porque muitos são os que propõem, fora de contexto, numa impetração ingênua, várias hipóteses de trabalho de Lacan como sendo verdades reveladas. Esse través catastrófico é, é verdade, favorecido pelo sentido da formulação de que Lacan era dotado, mas que ele mesmo nunca usou como bordão.

Isto torna caduca a segunda observação crítica, que visa a fetichização de aforismos, e não os próprios aforismos.

Repetir que "não há relação sexual" ou que "a mulher não existe" fora dos conjuntos lógicos de onde saem essas assertivas é tão absurdo quanto repetir mil vezes que "o analista só se autoriza por ele mesmo" para combater ou exigir uma regulamentação da profissão de psicanalista. "Não ceder quanto a seu desejo" fora de um longo desenvolvimento a respeito do uso em Lacan do conceito de "desejo" pode parecer uma prescrição hedonista permissiva! Fazer do RSI (Real, Simbólico, Imaginário) um significante em si mesmo para significar um todo-lacaniano específico é a mesma coisa que anular o *Witz* fonético (heresia), que subverteu a própria noção de ortodoxia sem nada eliminar da fecunda distinção e da articulação dos três registros.

Inversamente, o tudo-jogo de palavras a que alguns puderam reduzir a interpretação lacaniana confunde pelo simplismo crédulo de toguinhas inaptas à laicidade do espírito; como se fosse um escocês que, para saber finalmente o que quer uma mulher, levantaria seu kilt em frente a um espelho sem aço. Não fique achando que essa ficção clínica nos afasta do tema da herança: a imagem fálica, ao contrário, situa bem a questão imaginária.

Entretanto, o que é que um psicanalista pode bem deixar de herança? Teria ele herdeiros intelectuais? Tem ele alunos? A herança puxaria os alunos para o lado da filiação; de um pai real é claro que não. De um pai imaginário, por que não? Mas não ditamos imaginariamente "direitos" de sucessão. De um pai simbólico? Mas não é precisamente o nome-do-pai que, na cura, se trata de reduzir ao valor de um significante qualquer? Um analista não poderia, sem prevaricação ética, fazer perdurar o equívoco de ter, talvez, durante um momento, sustentado a função vacilante. Um analista cobra de seus analisandos o preço justo, ou seja, um pouco caro. O preço de quê? Não o de um grande saber nem – para um Lacan – o de seu ensino generosamente fornecido em anfiteatros cada vez maiores. Como o próprio Freud indicava, o que o analista cobra de seus pacientes deve estar à altura das "dívidas" contraídas durante a infância, das quais os sintomas representam as inesgotáveis promissórias. E, na análise, a questão é apurar simbolicamente essa contabilidade. Conhecemos o dano que foi causado ao homem dos lobos pela generosidade de seu primeiro analista, Freud, contribuindo para financiar sua segunda análise. A análise cessa quando a dívida simbólica é extinta, o que exclui absolutamente, em matéria conceitual, a noção patrimonial de herança.

Mais do que respostas às perguntas de seus contemporâneos, o que Lacan deixou foi uma maneira de fazer essas perguntas. Os que se aproximaram dele assim como aqueles que o lêem guardarão seu olhar de físico moderno para a estrutura dinâmica da vida mental, uma desconstrução da psicologia clássica, cujos conceitos se oferecem a uma compreensão imediata, as várias pontes lançadas entre a psicanálise e outras áreas da pesquisa, uma concepção renovada do Inconsciente freudiano (O ICS é o discurso do Outro, ou o ICS é a política), uma imperiosa injunção aos analistas de "dar suas razões", isto é, prestar contas de como ele mesmo produziu, sem trégua, pontos de impasse assim como descobertas, um cuidado específico, enfim, de ordem ética, relegando ao seu lugar as questões de ortodoxia, de técnica ou de deontologia.

Em suma, devemos a Jacques Lacan haver despertado o movimento freudiano, nos haver transmitido os instrumentos para incomodar sua crônica tendência ao cochilo conformista ou sua submissão a dominações contestáveis.

Quando alguém me pergunta se sou freudiano ou lacaniano, a resposta se funde, ao mesmo tempo política e sincera, sincera pelas razões que acabo de apresentar, política para não ser em hipótese alguma confundido com um desses hereges integristas que tomaram Lacan por um timoneiro. A resposta é: sou freudiano, aluno de Lacan; em seguida invoco minha idade como para pedir desculpas: "A partir do ensino de muitos, tomei a liberdade de pensar a psicanálise em meu nome".

A história dessa "liberdade" começa com a dissolução da EFP, ela continua por um tomar a palavra fora de instituição (de 1981 a 1983), um ensino, com os que haviam entendido que o enodamento entre prática da psicanálise, pesquisa, conceituação, formação não seria feito sob a bandeira de nenhum nome próprio e que uma Instituição rentavelmente instituinte da psicanálise não é um bem que possa ser objeto de uma devolução, como móveis, imóveis, livros ou quadros.

Não existem outros herdeiros em matéria de pensamento além daqueles que, tendo-o assimilado, são capazes de continuá-lo, não de repeti-lo; *isso nós já vimos, no que diz respeito ao pensamento psicanalítico* e à formação dos psicanalistas, com os avanços pós-freudianos de Lacan, passando aquém e além do retorno a Freud, sempre orbitando nas descobertas do fundador sem o servilismo que vezes demais freou a invenção da coletividade psicanalítica do pós-guerra.

Existem alguns próximos a Lacan que não escolheram os fáceis caminhos de uma pseudolegitimidade, seja ela de aliança familiar ou de vassalagem de aluno a mestre.

Eu surpreendi bastante Lacan, na virada de uma associação no divã, ao observar que minha "falta no ser" [*manque à l'être*] ressoava foneticamente com "meu mestre Lacan" [*mon maître Lacan*]. Mas eu não sou seu mestre, encolerizou-se ele!

A associação da qual sou membro nasceu da destituição de uma transferência de trabalho no seio de uma primeira tentativa institucional pós-Lacan, e de seu registro por uma separação dos colegas mais ligados ao instituído que ao instituinte.

Essa "saída" equivalia a queimar seus barcos, impondo ao enxame partido da colmeia inventar um novo modo de laço social entre analistas, exatamente fundado no instituinte, mais que no instituído.

Ressonâncias...

... ao capítulo 1: Ética

Serendipidade

O inesperado tem seu estatuto científico nas ciências experimentais, isso se chama serendipidade. Achei essa palavra, que nos vem do inglês – a ilha de Serendip é a ilha de Ceilão [Sri Lanka] na literatura inglesa –, como conceito do achado.

No âmbito das pesquisas sobre o mal de Alzheimer, alguns japoneses, no desenvolver de experiências, testaram, em ratos ditos "ingênuos", algumas drogas das quais esperavam um efeito na memória; o que eles conseguiram foi um efeito afrodisíaco intenso, inesperado. Perguntaram-se então a respeito das relações entre a memória e a libido. É isso a serendipidade: achar, apreender, por sorte, por acaso, o que não se procurava.

Seria o psicanalista "serendipista", serêndipo?

Freud estuda os sonhos, os chistes e os atos falhos, ele acha o inconsciente e a libido recalcada agarrada em alguns restos de palavras.

Dessa maneira, essa mulher, muito admiradora de Freud, impressionada por seu livro sobre o chiste: ela lhe diz que de um sonho muito longo só lhe resta a palavra "canal". Freud, muito lacaniano, lhe diz "até a próxima"; a próxima sessão traz esse "joke" anedótico: um escritor francês e um inglês estão a bordo do mesmo barco para a Inglaterra; "Do sublime ao ridículo, há só um passo", declara o inglês; ao que responde o francês: "Sim, o Pas-de-Calais [Passo de Calais]*". Lacan observa que o desejo dessa mulher, tanto no fundo como na forma, é pôr Freud em xeque e criticá-lo pelo

* Ponto mais estreito do canal da Mancha: Estreitos de Dover, que são um canal. (NT)

ridículo de suas "teorias sexuais" com relação ao sublime de seu pensamento que despertou sua admiração.

O "passo" de Lacan é definir a estrutura de linguagem do inconsciente. Um passo a mais: o que oferece essa senhora a Freud com seu "canal"? Aqui estamos no "obresceno [*obrescène*]", maneira de dizer o obsceno em *outra* cena. "Outra": aí então se define um lugar fora de centro, onde a libido toma forma na língua, recolhida em trocadilhos, lapsos ("slip" em inglês) e sonho cuja interpretação, ou seja, o ato do psicanalista, só pode ser de linguagem.

"O recalque de todas as significações sexuais está inscrito na palavra; as referências diretas demais ao gozo são despejadas dos enunciados, só são admitidas como chistes. É a lei da linguagem".

Dessa maneira, estabelece-se com o recalque a carência da língua em dizer a relação sexual. A lei do Simbólico estabelece o inconsciente do qual cada um se vê sujeito, à sua revelia.

O deslocamento relativo ao gozo sexual operado pela linguagem impõe, como corolário ou premissa à regra fundamental de "dizer tudo" que permite a associação livre, a abstinência sexual, a abstinência do fazer no espaço da cura: isso não vai *sem-dizer* [*pas-sans-dire*].

Diga tudo que lhe vem à cabeça, "diga qualquer coisa", ou até simplesmente "diga", a regra implica um "tudo ouvir", sobretudo essas surpresas, condensações, derrapagens absurdas que tratam as palavras como veículos servis do desejo de um sujeito que se procura e nada mais acha que seu corte, sua divisão: *Spaltung*.

Que ouve o psicanalista senão a busca transferencial, amorosa, de uma fala que segue os labirintos da "alíngua", busca do impossível, da nulidade da partição sexual?

Se a ética é um julgamento sobre a prática, ela tem que liberar o desejo de suas redes simbólicas e imaginárias, do sentido e do sensato. O arbitrário do corte significante/significado seria dessa maneira desfeito em um *Witz* que permitisse ao Ics pegar o sujeito pela fala: como nesse *koan*, adivinhação-lição Zen; o *koan* do ganso: o mestre pergunta aos alunos como retirar esse ganso bem gordo e vivo de dentro de um garrafão sem quebrá-lo nem matar o animal; silêncio dos alunos. A resposta (do psicanalista?) é tola: "Com palavras, da mesma maneira que ele entrou".

Ética do bem dizer, então. "Trouxe essa palavra preciosa: a ética", diz Lacan no início de seu seminário sobre "A ética da psicanálise", no qual ele convidará, nos últimos capítulos, a uma topologia, palavra sobre o lugar do desejo de Édipo: um saber. "O campo que é o nosso, visto que o exploramos, se vê de alguma maneira objeto de uma ciência, a ciência do desejo... O que isso pode ser? O que faz dele ciência ocupa atualmente o lugar do desejo, é muito simplesmente a ciência... a paixão do saber" (lição de 06/07/1960).

A ética em Aristóteles tinha origem nessa comunhão da filosofia e da matemática: "O que é belo, verdadeiro, é matemático". A seqüência é corte epistemológico.

Precisaria eu dizer que na ciência, ao contrário da magia e da religião, o saber se comunica? Deve-se insistir, contudo: não é somente porque é o usual, mas porque a forma lógica dada a esse saber inclui o modo de comunicação como saturando o sujeito que ele implica: ele o sutura.

Concluiria eu, confluindo para o ponto de onde parti sobre a divisão do sujeito: "Esse ponto é um nó"? Isso está nos *Escritos*, no capítulo "A ciência e a verdade".

Freud queria fazer uma obra científica e transmitir. Lacan, indo além, empurrará o conceito de tópico em direção a uma lógica: a excentração do Ics por Freud torna-se "o lugar do Outro", um lugar espaço do dito. Após vários esquemas topológicos marcados com letras em dimensão dois, ou seja, um espaço-plano, ele acha – acaso? – a topologia do nó borromeano, que vem ligar o real, o impossível de dizer, o que resiste-preexiste, vem de fora, ek-siste ao imaginário e ao simbólico.

O Real assim presentificado, colocado no presente do tempo *hic et nunc*, enoda o impossível, o que não pára de não se escrever, da relação sexual: o impossível da linguagem. "É um fato de discurso, um fato pelo qual tento conferir ao discurso analítico seu lugar de Ek-sistência [*Ek-sistence*]; o que é que, propriamente falando, *nek-siste*, como a ortografia pela qual modifico esse termo o marca, *n'ek'siste* em toda prática que se fundamenta pelo dizer? A tripla categoria que faz nó e por aí confere seu sentido a essa prática... a escrita de nada além desse nó, tal como se escreve para ser dito... o nó borromeano pode se escrever, pois é uma n'escrita [*nécriture*] que suporta um real... esse real que é o nó". Essa trans-crição de um fragmento do seminário "Os não-tolos erram" é minha.

A topologia, ausente das matemáticas, é a análise das deformações contínuas, o estudo das relações dos seres geométricos fora de quantificação ou de qualificação. O estudo dos nós foi inicialmente considerado como uma brincadeira pelos matemáticos: descritos por Tate, no final do século XIX, é em 1920 que Alexander os classificará por polinômios, o que significa dizer que são algebráveis. É pelo número de cruzamentos que Tate define o nó, a partir de 3: 0 cruzamento é o círculo trivial, o mesmo vale para 1 ou 2; mas o 3 é trevo, é o primeiro nó, ele é *chiral**, quer dizer: ou esquerdo, ou direito. É a mesma coisa para o nó borromeano.

A "chiralidade", graças às ciências bioquímicas, está na moda. Pasteur a descobre para o ácido tartárico. Atualmente, para nós ela é vital ou letal, caso da talidomida. "A natureza tem um sentido", já dizia Lacan. E também: "A topologia é exemplar". Topos e logos, ainda: "Respeitar a outra face do meio-verdadeiro".

O aspecto matematizável – topologia do desejo – de nossa prática analítica se coloca como ética: é o que chamo de "n'escrever [*nécrire*]". A captura em nó da fala e do dizer por impossibilidade da relação sexual, essa condição da linguagem, nos faz encontrar-reencontrar *serendipidamente* que o inconsciente é algo dentro do real como um ganso num garrafão.

Danielle Treton

---

* Não superponível a sua imagem no espelho. (NT)

... ao capítulo 2: Ficção

A sombra de uma dúvida

Quase sempre o nascimento, pelo estado civil, pela linhagem ou a raça, serviu de ponto de referência parcial – em parte e tomando partido – para reconhecer e dar forma à identidade dos indivíduos[1]. "A gente acha maçãs debaixo das macieiras", dizem os que acampam felizes da vida nas certezas minerais de uma rocha, aqui vegetal.

Mais tarde eu lhes passarei algumas histórias de animais que contradizem essas certezas.

Todavia, entrarei no cerne de minhas palavras, narrando-lhes um encontro catastrófico, o de um paciente obsessivo, Karl, com um livrinho de Roger Callois[2], encontro seguido de compra imediata, leitura, que brecaram na hora, ao ponto de bloquear por um longo tempo a análise desse homem jovem, ao lhe sugerir em plena estrutura um tema inesgotável de obsessão. Logo antes, entretanto, se havia levantado uma ponta do véu lançado sobre fantasmas severamente reprimidos: Karl se vira, em sonho, vestido de mulher; e que mulher! Uma vez de cantora wagneriana, outra de dançarina. E ele finalmente conheceu, cantando ou dançando no palco do sonho, uma serenidade leve e a felicidade que a paixão de seus sintomas mais confessáveis, obsessões religiosas, lhe proibiam desde a puberdade, no estado de vigília.

---

1 Texto publicado em Clinique des passions [Clínica das paixões], revista dos Cartéis constituintes da Analyse freudienne sob o título "Passions, origine, l'ombre d'um doute" [Paixões, origem, a sombra de uma dúvida], Paris, 1988.

2 Gallimard, coleção "Idées", nº 488.

O título do ensaio do Roger Callois responsável por essa parada, que era uma obra-prima, é "A incerteza que vem dos sonhos". Ele desenvolve ali uma demonstração que consiste em um tipo de confidência abstrata onde entram em jogo, com rigor acrobático, todas as figuras de uma variação do tema "Eu sinto que adormeço; eu sei que acordo; acordado, sei que o estou; mas, dormindo, continuo convencido de estar em vigília; de maneira que, convencido de estar acordado, nunca pude ter certeza de não sonhar".

Karl naturalmente vai se apoderar dessa mecânica e viver sua paixão mais dolorosa, pois não encontra nenhuma trégua na infinita interrogação que o domina o tempo todo, em qualquer situação – no trabalho, na intimidade conjugal, ou em sessão. Ele precisa então marcar uma pausa, retomar seus argumentos, voltar às nascentes, procurar por que se dá essa questão. Suspende o tempo, ou até o inverte: o que ele deve fazer aqui e agora desvanece face à busca meticulosa, ao exame microscópico das origens da questão.

Callois ilustra, faz brilhar esse reflexo infinitamente repetido de si nos espelhos internos de uma espécie de galeria dos espelhos, pelo exemplo vertiginoso do sonho de Pao-Yu, retirado de um romance chinês do século XVIII: *O sonho do pavilhão vermelho*. Eis esse sonho, é o sonho de Pao-Yu que sonha que está num jardim idêntico ao seu: "Será possível", pergunta-se ele, "que haja um jardim igual ao meu?".

Serviçais aproximam-se dele. Pao-Yu fica estupefato: alguém teria serviçais a tal ponto parecidas com as de sua casa? Uma delas exclama: "Aqui está Pao-Yu. Como é que ele veio parar aqui?". Pao-Yu achou que tinha sido reconhecido. Ele se adianta e diz a elas: "Eu estava passeando. Cheguei aqui por acaso. Vamos passear um pouco". As serviçais começam a rir: "Que cegueira! Nós confundimos você com Pao-Yu, nosso patrão, mas você não é tão sedutor quanto ele".

Eram as serviçais de um outro Pao-Yu.

"Queridas irmãs", lhes diz, "sou Pao-Yu. Quem é seu patrão?".

"É Pao-Yu", responderam elas, "quem é você para usurpar esse nome?". Elas se afastaram, rindo.

Pao-Yu estava aturdido: "Nunca fui tão maltratado. Por que será que essas moças me detestam? Será que realmente há outro Pao-Yu? Tenho que ter certeza disso".

Atormentado por esses pensamentos, ele se viu em um pátio que lhe pareceu estranhamente familiar. Subiu a escada e entrou no quarto. Viu um homem jovem deitado, que se parecia com ele. Perto da cama, moças riam e trabalhavam. O jovem suspirava. Uma das serviçais lhe diz "Sonha com o que, Pao-Yu, está infeliz?".

"Tive um sonho dos mais estranhos. Sonhei que estava em um jardim e que nenhuma de vocês me reconhecia. Vocês me deixaram só. Eu as segui até a minha casa e descobri lá outro Pao-Yu, que dormia na minha cama".

Ouvindo esse diálogo, Pao-Yu não pôde se conter e exclamou: "Eu estava à procura de um Pao-Yu, e era você". O rapaz se levantou, abraçou-o e gritou: "Não foi um sonho, você é Pao-Yu".

Lá do jardim, uma voz chamou: "Pao-Yu". Os dois Pao-Yu tremeram. O Pao-Yu sonhado desapareceu. O outro lhe dizia: "Volte logo, Pao-Yu".

Pao-Yu acordou.

Sua serviçal preferida perguntou:

"– Sonha com o que, Pao-Yu, está infeliz?

– Tive um sonho dos mais estranhos. Sonhei que estava em um jardim e que nenhuma de vocês me reconhecia...".

Se o sonho, ressalta Roger Callois, faz o sonhador acreditar, ao ponto de se confundir, que ele se interroga realmente dentro do sonho, é que a própria interrogação não tem valor maior que a imagem mais extravagante do sonho.

O relato do sonho, ou até a simples lembrança de seu conteúdo manifesto, fora de análise, só permite, com efeito, o enodamento da ilusão e do semblante, com exclusão de toda extensão simbólica. Se a imagem e a palavra delimitam bem o intervalo onde se expande o "material analítico", só por sua travessia, em um espaço transferencial, pode existir a cura e/ou produzir-se uma interpretação no sentido freudiano.

Existem outros espaços para serem atravessados na cura além do que separa imagem e palavra. Só mencionarei aqui o mais abissal, sobre o qual o lançamento de algumas pontes, que de bom grado chamo de traços, faz surgir as figuras do originário (no sentido do instituinte): é a falha entre história e estrutura que circula na análise.

Do originário, digo segundo Freud, e não das origens no sentido de início. Existe em Freud uma insistência, completamente experimental quase que no sentido do Claude Bernard, no intransponível "rochedo biológico" que se encontrará como limite da própria análise sob a forma do medo da castração: "Temos freqüentemente a impressão", diz ele, "que nos chocamos, entre todas as camadas psicológicas, nesse rochedo que está acima de todos os estratos".

É claro que falta aqui ao Freud arqueólogo a ferramenta conceitual de uma consideração estrutural da análise: falta-lhe, mas ele o sabe. É comovedor ouvir a conclusão de seu artigo "Psicanálise finita e infinita": "Consolemo-nos em constatar que oferecemos ao analisado todas as possibilidades de compreender e de modificar sua atitude a respeito da castração". Ouvi-lo, digo eu, como algo endereçado aos psicanalistas das gerações posteriores, de se virarem nessa questão com outras ferramentas conceituais e até novos dispositivos.

Foi com a mesma honestidade que Freud, bem antes disso, reconheceu os limites de sua teoria do trauma, desenhando por esse próprio fato, a respeito da questão do fantasma, um desses espaços a-temporais onde se desenrolará a cura, espaço que sublinho aqui, entre história e estrutura.

Um dos gêneros mais lapidares da literatura, o *haikai* japonês, limpa sua textualidade de qualquer história para fazer cintilar a estrutura. Exemplo: "Chove, ele está contente, o patinho". Banal, pensei, até o dia em que à mesa, há vinte anos, em um dos primeiros restaurantes japoneses de Paris, tentei fazer sorrir a encantadora garçonete, japonesa, mas disfarçada de japonesa. O efeito foi inesperado, fulminante: um riso enlouquecido da jovem, irreprimível, crescente, invalidante, que exige sua retirada da sala por seus colegas e até hoje me pergunto se se ocultaria alguma indecência oriental na inocente assertiva: "Chove, ele está contente, o patinho". Minha hipótese, hoje mais técnica, é que a ausência de história, o impacto selvagem do significante, teve um "efeito estrutural", eventualmente "psicotizante".

Em contraponto ao *haikai*, aqui está uma história para crianças, extraída do folclore russo. Erguido sobre os traços que ligam história e estrutura, esse conto assemelha-se a um sonho. Mas é um conto. De novo uma história de pato. Chama-se: "O pato manco(3)".

---

3 Extraído de "Mille et une malices de Maître Renard" [Mil e uma malícias de Mestre Raposa], contos populares adaptados pelas Sras. Aurroy e Isserlis, Paris, F. Nathan, 1993.

"Era uma vez um camponês e uma camponesa que não tinham filhos. Um dia, eles foram ao bosque procurar cogumelos. Andaram muito, muito tempo.

Catando cogumelos, o camponês achou um ninho: nesse ninho estava encolhido um lindo patinho.

– Olha, mulher, como é bonzinho esse patinho!

– Vamos levá-lo conosco.

Pegaram-no com cuidado e levaram-no para casa: fizeram um ninho forrado de penas e instalaram ali o patinho.

No dia seguinte, o camponês e sua mulher voltaram aos cogumelos. Andaram muito tempo bosque a dentro e voltaram para casa com as cestas cheias de cogumelos. Encontraram sua isbá bem arrumada, a louça limpa e posta na prateleira e o pano de pratos pendurado no prego.

Diz a mulher: 'Alguém esteve aqui'.

O camponês: 'Alguém arrumou a casa'.

Foram perguntar à vizinha: 'Vizinha, você viu alguém entrar em nossa casa?'.

A vizinha respondeu: 'Estava sentada na varanda e cochilava; não vi nada'.

No dia seguinte, o camponês e sua mulher voltaram novamente à sua procura de cogumelos. Chegaram em casa com as cestas cheias; encontraram a mesa posta, e à mesa uma panela cheia de sopa quente e um pão grande, fresquinho do forno.

A mulher disse: 'Alguém veio aqui'.

O homem disse: 'Alguém cozinhou'.

Eles saíram de casa e perguntaram à vizinha: 'Vizinha, você viu alguém entrar na nossa isbá?'.

A vizinha respondeu: 'Vi uma menininha levar uns baldes d'água para a sua casa. Ela era bonita, mas *mancava* um pouco'.

No dia seguinte pela manhã, o camponês e sua mulher fizeram de conta que iam de novo ao bosque, mas se esconderam num canto para ver se alguém ia à sua isbá.

Viram uma bela menina sair de lá com dois baldes e levá-los ao poço. O camponês e sua mulher entraram na casa na hora e encontraram o ninho do pato vazio; ali só havia penas. Eles as jogaram ao fogo, onde elas queimaram.

A menina entrou com os baldes cheios. Ficou com medo e correu para o ninho, mas não achou nem o ninho nem as penas. Sentou-se e chorou amargamente. O camponês e sua mulher a acariciavam e consolavam: 'Não chore, menina; não chore, pequena. Você vai ser nossa filha, nós a amaremos e a mimaremos'.

A menina respondeu: 'Eu teria ficado com vocês, mas vocês queimaram minhas penas, tiraram minhas asas. Não posso mais ficar com vocês. Por favor, me dêem uma roca e um fuso e eu fiarei, aguardando a partida'.

Os camponeses lhe deram uma roca e um fuso e ela se sentou num banco do pátio para fiar o linho. Um bando de patos passou. Viram a menina e cantaram:

'Aí está nossa filhinha!
Aí está nossa bela!
Sentada num pátio
Ela fia o linho,
Ela guarnece seu fuso.
Vamos jogar-lhe penas
Para que ela venha conosco'.

A menina respondeu: 'Não irei embora com vocês. Nós estávamos no campo, quebrei minha perna e vocês me abandonaram'.

Os patos jogaram penas e foram embora.

Outro grupo de patos acabou passando. Viram a menina e cantaram:

" Aí está nossa filhinha!
Aí está nossa bela!
Sentada num pátio
Ela fia o linho,
Ela guarnece seu fuso.
Vamos jogar-lhe penas
Para que ela venha conosco".

Jogaram-lhe penas, ela se cobriu delas e se transformou em pato. Alçou vôo e se juntou ao bando. O camponês e sua mulher ficaram sozinhos".

Ouvimos deslizar, nessa história metafórica, desejo, transferência e repetição. O conto põe em jogo o objeto, põe em cena a castração e se fecha em contraponto num tempo, originário, da partição menina-pássaro. Foi preciso a fratura de uma pata, uma destruição do ninho, depois uma primeira passagem de patos para que fosse a segunda passagem que fizesse, para a menina-semblante, momento instituinte, no luto do casal de camponeses.

A origem, ou melhor, o originário nesse conto não está ligado unicamente à história do patinho manco, mas a algo da ordem do ato, ato inteiro na fala do contador e na questão de seu endereçamento... O desenvolvimento cronológico linear em que se acantonaria uma certa concepção histórica da origem só resulta em fábula e só se mantém com a imagem. Só a segunda "passagem" dos patos, após o fracasso necessário da primeira, faz ato. O ato supõe um des-apaixonamento, é o que o diferencia notadamente da ação.

Na teoria freudiana da cura, a partir de 1920, o que se enuncia como pulsão de morte, reconhecendo o estreito enodamento das representações de vida e de morte a cada tempo em que um sujeito vive e se exprime, derruba a ilusão de um desenrolar de cura como uma simples diacronia indo do *infans* ao *exitus* e confere ao caminhar psicanalítico uma dimensão bem mais complexa que a de uma longa marcha em direção à liberdade.

Vem-me na memória, à guisa de epílogo, uma outra história russa, vivida, esta. Parece-me agora bastante exemplar do encontro de puros significantes, imperiosos, com o obscuro objeto do desejo: um golpe de-força, em suma, como um golpe de paixão...

Eu tinha seis ou sete anos. Ela, uns dez. Nós nos havíamos conhecido nos bancos do conservatório Rachmaninoff. Porque ela era dotada e bonita, porque a dizíamos russa, branca, apesar de uma tez brilhante, ela me fascinava e eu implicava com ela, nós nos implicávamos; não me incomodava que ela tivesse a vantagem da idade, e freqüentemente do espírito, até o dia em que ela transformou em ódio tenaz minha paixão iniciante com uma adivinhação de seu país: "o que é verde, canta, e está pendurado na minha sala?".

"Ora", disse-me ela após haver saboreado por alguns instantes meu aperto, "é um arenque".

Ante meu espanto indignado, ela escarneceu, triunfante: "Posso perfeitamente pendurar um arenque na minha sala e pintá-lo de verde. Aí eu disse que ele cantava para que você não soubesse a resposta!".

Fui então à lona naquela.

Foram-me precisos uns bons dez anos para ousar interessar-me novamente pelas adivinhações, e uma análise longa, bem depois, para finalmente saber, mas aí sem a sombra de uma dúvida, que a questão da paixão e da origem não tinha sido tão mal colocada pelo arbitrário dos significantes.

Claude Dumézil

... ao capítulo 3: Dispositivos
A casa do botão

Vou falar para vocês sobre uma seqüência que se situa em um princípio de análise: tal seqüência é "passada"* por um seminário de Traço do caso no qual foi então chamada de "Traço do nome". É com esse título, "A casa do botão", que falarei dela.

Tive que usar vários disfarces, mais ou menos satisfatórios, para testemunhar dessa seqüência, pois que, com efeito, aí surgem, a olho nu, nomes próprios: o nome patronímico da analisanda e o nome de solteira de sua mãe.

Esse exercício não me pareceu poder ser repetido aqui como uma duplicata. É dessa maneira que ao significante "Traço do nome" eu fiz seguir "Casa do botão", que me pareceu poder representar o Traço do nome, isso com relação à própria seqüência.

Antes de passar a esse relato, um lembrete da evolução na língua do par "*Bouton-Boutonnière* [Botão-Casa do botão]", e para não pôr em lugar fixo o significado particular de "Boutonnière" ao qual se fará referência e que estava presente na própria seqüência. Os diversos modos de abordagem desses significantes permitem deixar abertas e móveis as questões em jogo na cura.

Vou lhes falar de uma seqüência que se situa em um início de análise; essa seqüência foi "passada" por um seminário de Traço do caso, no qual foi chamada de "Traço do nome[1]".

---

* Aqui há uma equivocação entre "se passou", "ocorreu", e "foi passada". (NT)

1 Texto de uma intervenção na sessão pública do *Trait du cas*, Grenoble, 1993, publicado nos anais dos *Travaux 89/97* do Groupe d'étude du Trait du Cas, documento interno [Aqui como em alguns outros lugares, a repetição de frases/parágrafos, cuja ocorrência já era mencionada no prefácio, está no original. (NT)].

No século XII, surge o nome "bouton [botão]": é então um termo de botânica, a excrescência de onde nascem os galhos, as folhas, os frutos ou as flores de um vegetal; é o broto, o olho da planta.

Um pouco mais tarde, transformou-se na pecinha, costurada em uma roupa e permitindo que se feche; é o momento do aparecimento da "*boutonnière* [casa do botão]", essa fenda que não tem outra serventia além de corresponder a um botão.

Só bem mais tarde, no século XVIII, é que *boutonnière* passou a representar a incisão no corpo, feita pelo bisturi do cirurgião ou pela arma branca do adversário.

Entrementes, o *bouton* transformou-se em pústula.

Hoje, é com um botão que tocamos a campainha ou que ligamos um certo número de aparelhos.

Quanto a essa casa específica, a da lapela de uma veste, que não chama um botão, mas que deu seu nome ao que ali se fixa, é um objeto que se ostenta, uma insígnia, um enfeite, um emblema ou um símbolo, algo que se impõe à atenção.

Por outro lado, *bouton* e *boutonnière* não podem deixar de evocar os lugares sexuais do corpo, os apêndices e as fendas.

Esse exercício não me pareceu poder ser aqui repetido como uma duplicata. É dessa maneira que ao significante "Traço do nome" eu fiz seguir "Casa do botão", que me pareceu poder representar o Traço do nome, este com relação à própria seqüência.

Voltemos à casa da lapela, cujo objetivo eu disse que era dar a ver: esse objeto é uma espécie de palavra que não se diz; ele diz – sem dizer, sem que seu portador o diga – o pertencimento a um subgrupo social (por exemplo, a ordem da *Légion d'Honneur*), ele mostra a participação em um acontecimento (por exemplo, a insígnia da Cruz Vermelha, no seu dia de coleta de donativos), é o símbolo de uma tomada de posição, por exemplo a mão de "Deixa em paz o meu chapa!" [slogan anti-racista]. Estamos na era dos *pins*, o distintivo com alfinete que se coleciona e que representa a relação de alguém com alguma coisa... o mais freqüentemente, algo consumível.

Claro que essa lista não é exaustiva.

Era um dia frio e úmido. Essa analisanda chegava para sua sessão. Na soleira da porta de entrada, eu a encontrei transida: dirigi-lhe uma frase de boas-vindas. Era particular: é o que me havia sugerido essa entrada, diversa dos outros dias, nos quais essa paciente tinha uma aparência bem mais leve e alerta, sorridente.

É com esse título, "A casa do botão", que lhes falarei a propósito.

Eu a recebo, então, com algumas palavras calorosas, e é num relâmpago que ouço essa frase curta (cinco palavras) e "anódina" ressoar ao avesso de seu nome patronímico – entendo aqui "avesso" no sentido da relação de oposição (como pequeno-grande, aberto-fechado, preto-branco...).

Esse nome fala do tempo, do tempo que faz, é um nome meteorológico...

Em seqüência imediata a esse relâmpago, enquanto ainda estava na brecha do equívoco de meu enunciado, eu vi, como se aquilo fosse pular da lapela do terninho onde estava preso, uma rã, esplêndida, tamanho natural ou quase, cor viva, e expressiva. Era uma jóia.

Essa batráquio me saltou aos olhos; essa senhora aparentemente não tinha notado que se tratava de seu nome em minha frase de boas-vindas. De qualquer maneira, eu não lhe tinha dado nem o tempo nem a oportunidade, pois logo enganchei minha percepção da rã com essas palavras: "Mas como é bela!". Aí, recebi de volta: "É preciso estar em harmonia!"; isso aparentemente subentendia: com o tempo que está fazendo.

O nome dessa analisanda é um nome de tempo bom; hoje faz tempo ruim, como testemunhava a casa de botão na lapela da roupa: as rãs, efetivamente, gostam de sair em dia de chuva.

É um pouco como se, com meu comentário sobre a rã, eu tivesse recolocado o registro da fala em seu campo; realmente a harmonia à qual havia feito referência em seu comentário não tinha somente uma conexão com o tempo do lado de fora, seu nome e a insígnia da rã; a harmonia estava lá, na cura, em seu estilo...

Na ocasião do seminário, disse que essa paciente "trabalhava bem"; me foi então com justa razão perguntado o que eu queria dizer com aquilo! O que eu entendia é que o analista e a analisanda estavam no registro do mesmo; aquilo "rolava", era a um ouvido egóico que se dirigiam as associações e o analista ouvia as *Einfallen* num banho de identificação imaginário!

É indo ao encontro dessa "proximidade" presente nas sessões, nesses poucos meses de início de análise, que algo veio se romper e foi perceptível para mim.

Seu nome estava inscrito nas páginas de minha agenda desde a data da primeira consulta. Esse nome já havia várias vezes soado aos meus ouvidos: nas sessões, elementos de sentido ou fonéticos me haviam surgido em relação com esse nome, sem que por isso os houvesse guardado na memória; isso não me havia suscitado nem intervenção nem escansão.

Se esse nome veio para transtornar o curso "harmonioso", foi em vários níveis, que formam uma trama, uma tela de fundo na qual se desenvolve a cura, a da transferência.

Esse nome surgiu como intruso.

Ele veio transtornar o dia-a-dia, veio interrogar meu próprio desejo: essa interpelação, que minhas palavras me reenviaram, estava inscrita do lado do que se dava a ver, como indicador: sem dizer, na vestimenta (vestimenta: "objeto fabricado para cobrir o corpo humano, escondê-lo, protegê-lo, enfeitá-lo").

Quanto à jóia-rã, na casa da lapela, faz parte de uma série: essa senhora cria, concebe e fabrica jóias.

Tive que usar vários disfarces, mais ou menos satisfatórios, para poder testemunhar dessa seqüência, pois que, com efeito, aí surgem, a olho nu, nomes próprios: o nome patronímico da analisanda e o nome de solteira de sua mãe.

Atravessemos esse portal!

Na sessão, ela se queixa vigorosamente de sua mãe, a respeito de um "usufruto": a mãe havia dado, em nome do casal paterno, um apartamento a sua filha. Um usufruto é "um direito real de gozo sobre algo pertencente a outrem, que se extingue necessariamente com a morte do usufrutuário".

As associações a levam em direção a um outro lugar, com um outro "bem": trata-se de uma casa que o avô paterno, hoje falecido, havia dado enquanto vivo à sua neta (o que o pai da paciente deixou que se fizesse).

Eu ouvia aquilo tudo, aquilo ecoava... mesmo: e, como para me livrar do que lhe havia tomado à sua revelia, que ela não tinha, ou para lhe devolver, só intervim para perguntar os nomes dos lugares e das pessoas de que falava. Foi dessa maneira que ela me disse o que havia motivado a escolha desse (dessa) analista: estava associado a um nome, Cassagnac. "Foi por isso que foi para você que eu decidi telefonar!".

A casa do avô, da qual ela fala freqüentemente, e que ela chama de "a cabana", fica em um lugar de referência no campo que, a duas consoantes de diferença, é idêntico a esse nome, Cassagnac: poderíamos chamar esse lugar de "Cabagnac".

Esses parênteses a respeito da casa e do nome se fecham e abrem lugar novamente à queixa com relação ao lugar da mãe. Ao fim da sessão, tentando desdramatizar de uma maneira familiar, como num chiste, esse laço com sua mãe, eu lhe digo algo a respeito do usufruto: "Sua mãe tenta 'fazer você virar cabra*'. É uma expressão que me é familiar e onde figura também um nome de animal; o diminutivo desse nome de animal é o nome patronímico de sua mãe. Eu conhecia esse nome, o havia esquecido, e foi na seqüência de minha intervenção familiar que me aconteceu perguntar o nome de sua mãe.

Meu nome de nascimento também é ligado ao de um animal**. Dessa maneira, é com um título de fábula que terminarei minhas observações: "A rã, o cabrito e o lobo".

Concluindo, gostaria de dizer algumas palavras a respeito do interesse que me parece representar esse dispositivo em vários tempos.

Ele favorece a formulação de uma *Bejahung*; e só retroativamente é que essa *Bejahung* pode de fato ser discernível; ou melhor, é num efeito retroativo que ela se verifica como efetuada. Que o traço seja, como aqui, formulável ou não é o valor da enunciação que opera, no tempo do seminário: esse tempo seria o primeiro tempo do traço.

Nos tempos seguintes, o que foi enunciado, o relato da seqüência e as intervenções dos membros do seminário, confere um lugar de formação do inconsciente à própria seqüência. É então o caráter enigmático ou até estranho que está na frente da cena.

Isso é que é mobilizado no trabalho de construção necessário para a passagem ao público: a esse respeito, seria interessante declinar as formações do inconsciente em obra nesse tipo de trabalho: lapso, chiste, sonho...

O que parece poder se circunscrever então é um sintoma, o do desejo de analista à obra na cura, em tal cura particular, que engloba o analista e o analisando, e que é então dizível de um certo modo.

---

* *Rendre chèvre* – literalmente, transformar, virar cabra: chatear, aborrecer, irritar. (NT)

** Grau*loup*: *loup* = lobo. (NT)

Por outro lado, o tempo da passagem ao público do trabalho efetuado se mostra estruturalmente fundamental na medida em que permite um deslocamento desse objeto tornado passional no tempo da elaboração: o traço se desconstrói, libera seus significantes que encontram então seu lote comum na linguagem, e que serão ou não novamente mobilizados... de surpresa...

Geneviève Granier de Cassagnac-Grauloup

... ao capítulo 4: Desejo de analista

O ano Mozart

O que vou tentar dar para vocês ouvirem é relativo ao que se poderia chamar de avesso do cenário[1]: alguns momentos em que um psicanalista encontra um limite quanto a fazer existir seu desejo de analista e, dessa maneira, também encontra uma estrutura que, sem ser psicótica, levanta a questão das relações desse desejo de analista com a psicose.

Lacan, não se sabe bem por que, em uma conferência em Yale, nos EUA, achou bom dizer aos americanos que ele era psicótico. Ele liga, na mesma frase, esse caráter psicótico ao fato de que ele se diz rigoroso. Fiquem, então, tranqüilos: o que vou lhes dizer nada mais são que fragmentos de um trabalho, observações muito mais destinadas a fazer pensar que a contribuir, no ponto em que estou em minhas reflexões, com uma construção muito articulada.

Como, evidentemente, a questão não seria evocar a problemática de um terceiro, isso me levará a lhes falar, o mais simplesmente possível, de encadeamentos que me são próprios, cujo estudo foi possível no dispositivo de prática sobre a prática[2] com o qual trabalho já há vários anos: uns dez praticantes se reúnem regularmente a cada quinze dias; um por vez, cada um deve, não de forma preparada, mas na de um *Einfall*, do deixar vir, apresentar um momento de uma sessão ou de uma cura, fragmentos de

---

1 Esse texto foi publicado sob o título “Analyse possible et impossible” [Análise possível e impossível], em *Clinique lacanienne*, nº 1, Toulouse, Érès, 1996.

2 Claude Dumézil e col., *Le Trait du Cas*, Paris, Éd. Point Hors Ligne, 1989.

uma sessão de um dado paciente ou colocação em perspectiva de sessões de vários pacientes, com o objetivo de ali encontrar o traço do analista.

É, então, a partir dessa pesquisa que pus em perspectiva três relatórios elaborados no curso do ano passado, sem plano coordenado, mas que me conduziram, *après coup*, a reflexões que acho interessante trazer para vocês. Extraídas de três exposições feitas com seis meses de intervalo, elas se inscrevem, pois, nesse tempo lógico[3] de que falava Lacan, no qual "o depois faz as vezes de antecâmara, aguardando que o antes tome lugar".

Um certo número de questões, que poderíamos qualificar de basais no curso de qualquer reflexão analítica, voltavam bem regularmente em nosso grupo de estudos, pois são realmente fundamentais, são as de nossos pacientes, foram as nossas no início de nosso engajamento analítico, e creio poder dizer que permanecem em aberto: o que é uma mulher? O que quer a mulher? *Quid* do édipo? Do interdito do incesto? Da castração? O que é um pai? A pulsão de morte?

Eis as questões cuja fermentação insistente resulta sem dúvida em eu vir a falar de bem estranhas coisas, a respeito de consultas preliminares num caso, no outro caso com os efeitos da interrupção e da renúncia a essa cura para o analista.

Na primeira e na terceira exposições que fiz, tratava-se da mesma paciente; na exposição que se inseria entre as duas outras, com mais ou menos seis meses de intervalo, tratava-se de outra paciente. Alguém me fez notar, o que evidentemente não dava para deixar de perceber, que esses casos eram os de duas mulheres, duas artistas: a primeira é dançarina, a segunda, música.

A primeira marcou uma consulta, seu nome me era desconhecido, e ela faltou: alguns dias mais tarde recebo uma carta que não me deixa indiferente por seu tom e sua proveniência: era a primeira vez que me escreviam da prisão. O texto era o seguinte: "Senhor, subitamente encarcerada por um tempo cujos limites desconheço, estarei impossibilitada de honrar nossa consulta de quarta-feira. Minha confusão só encontra paralelo em meu desespero. No aguardo de uma próxima entrevista, eu lhe desejo um bom

---

3 Jacques Lacan, "Le temps logique et l'assertion de certitude antecipée", 1945, em *Écrits*, Paris, Le Seuil, 1966, pp. 197 e seguintes.

domingo. Obrigada por sua compreensão". Após pensar por um tempo, tomei a decisão de não responder – na prisão as cartas chegam abertas –, e, aliás, nada teria para dizer. Foi um mês depois disso que recebi um telefonema dessa pessoa, que se apresentou pontualmente em meu consultório, aguardada, pode-se pensar, com uma certa curiosidade. Seria preciso para mim o curto percurso entre a sala de espera e o consultório para absorver o choque produzido pela silhueta de sonho de minha visitante não tola. Seu recurso a um psicanalista não está, ela me explica, diretamente conectado ao episódio carcerário, preventivo, como se diz, este relacionado a um obscuro e inexpressivo caso de vigarice, armadilha criada por duvidosas freqüentações. Imputação, aliás, de que ela se veria livre depois. Greta é artista de cabaré, como o fora sua mãe, vedete de renomado teatro de revista. Ela se apresentava nua, o mais das vezes. Estava atualmente sob contrato em um grande *music-hall* e fez em outros tempos parte da trupe de *strip-tease* mais famosa do gênero, por ter alçado esse divertimento à categoria de uma das belas-artes e lhe haver conferido um significante.

Greta não sabe o que fazer com o sucesso e se ela vem consultar um psicanalista é para encontrar forças para se reconverter. Menina, havia jurado a si própria não seguir a profissão de sua mãe. Dotada para os estudos, terminou os estudos secundários com uma menção ao exame para a universidade, mas tropeçou diante dos estudos superiores: rapidamente seria sugada pelo meio boêmio de sua mãe, solteira, e freqüentaria os bastidores de *music-hall*, artistas e pessoas da noite. Ela não sabe mais muito bem quando e como se viu um dia no palco, corista, autodidata do *strass* e do nu. Insistiu na ocasião da primeira entrevista sobre seu desejo de mudar sua vida, de harmonizar seu gosto pelas letras com uma atividade profissional mais intelectual.

Ela é encorajada a isso pela pessoa que a encaminhou a mim, um homem de minha geração que conheci, melhor dizendo, com quem cruzei, em 1971, na faculdade de Vincennes. Escritor, jornalista, me mandou em vinte anos três ou quatro pacientes, só mulheres, notáveis por uma ou outra razão: inteligência, físico, sintomas que apresentavam ou sua história. Voltaram-me à memória, ao receber Greta, as discussões livres que eu animava nessa época na UV, nas quais esse personagem mais velho que os outros alunos orientava nossos debates à sua maneira, utilizando o analista "ensinante" para tentar fazê-lo responder, sem passar por um divã, às questões que o incomodavam, a ele mesmo, as mesmas que enunciei mais acima: o que é uma mulher? o que é a mulher? E eis que sou levado a responder um dia: "Mas a mulher é o falo do homem!". Na rememoração dessa seqüência, me veio ao pensamento que essas episódicas remessas de "belas pacientes" nada mais seriam que um reenvio do pastor à pastora ou da pastora ao pastor*, testemunhando uma transferência que eu diria, para encurtar as coisas, homossexual. Greta então me pediu uma análise em vista da qual eu propus algumas preliminares que se estenderam por três ou quatro entrevistas. Devolverei dois traços: a recusa que ela opôs ao talentoso e astuto diretor do "templo" do *strip-tease*, que exigia de suas dançarinas que providenciassem a correção de seus narizes com a finalidade de uma uniformização, maneira de marcar seus corpos exibidos com sua marca de autor, e uma história pontual: apresentando-se ocasionalmente entre as atrações de estação de uma estância balneária, ela ouve o gerente lhe fazer a seguinte pergunta, enquanto pagava seu cachê: "Quem é que operou você tão bem?". Ao seu pedido de explicações para essa pergunta, ela recebeu uma resposta constrangida: "Então você não é um transexual?". A confissão desse mal-entendido me foi feita com muita emoção e com o reconhecimento de que essa suspeita foi para ela um pesado trauma.

É esse conjunto de coisas que exponho a meus colegas. Creio que havia escolhido comentar com eles porque pensava que uma análise não seria possível comigo que, ouvindo Greta evocar fantasmas masculinos nos quais o efeito suspensivo no verbo masculino do anúncio, fora de cena, de sua profissão, ouvia ressoar o verso de Mallarmé: "Tu, que sobre o nada sabes mais que a morte". Esperava de meus companheiros um relançamento de fala, justamente, a partir do qual se pudesse decidir da seqüência a ser dada a essa demanda de cura.

Seis meses mais tarde, sendo então minha vez de expor nesse seminário de prática sobre a prática da análise e nenhum material particular se impondo a mim, escolhi falar de uma outra paciente, sem saber muito por que, a menos que fosse por ter achado "interessante" a justaposição de duas

---

* Provavelmente, refere-se o autor a uma canção muito antiga, de autoria desconhecida, amorosa e camponesa: "C'est mon berger et je suis sa bergère" [Ele é meu pastor e eu sou sua pastora]. (NT)

qualidades. Essa mulher era árabe e música de formação clássica. É então desse interesse que vou falar, mais que da paciente, autorizando-me um "deixar-vir" um pouco mais solto que o habitual. Começo a falar de música em geral, de sua função, do fato de que era à minha mãe que devia minha educação musical, que seu compositor preferido era Mozart, do qual ela interpretava, como a paciente, partituras de piano ou de canto. Falei de meus pensamentos confusos de criança sofrendo pelo amor de uma outra criança, "divino", Mozart, por jovens cantoras e perturbado com que chamassem de "órgãos" vozes de ópera tanto na mulher como no homem... Cheguei desse modo, lançando algumas pontes bastante artificiais entre minhas associações e o material da paciente, a tomar o tempo habitual de nossas exposições e a recolher alguns comentários neutros e benevolentes de meus parceiros, deixando intacto um sentimento incomum de mal-estar.

Após dois ou três dias, em casa, num momento em que não pensava em nada, me chegaram, como num raio, dois significantes forjados, evidentemente, a partir da exposição precedente: um deles é mozárabe, o outro alimozart. Essa forma peculiar de arte hispano-mourisca, que chamamos de mozárabe, eu a havia encontrado pela primeira vez, mais ou menos com 17 anos, no decorrer de uma viagem à Espanha, a última viagem que o adolescente espinhento que eu ainda era (a gente ficava espinhento mais tarde naquela época) fez com minha mãe, cara-a-cara, viagem essa que estava bastante carregada pelo que pode ao mesmo tempo afastar e aproximar um rapaz e sua mãe. Quanto ao alimozart, significante chamado por outro significante, um pouco do jeito do *witz*, foi por muito tempo o nome de um armazém, na avenida Mozart, em Paris, posto *alla turca** por seu proprietário, pela crase espiritual do lugar de seu comércio com a primeira sílaba de seu objeto: alimentação. *Ali*, todavia, me reenvia ao nome e a turquice à Turquia, onde meu pai deveria estar durante essa viagem, onde havíamos passado nossos primeiros anos de existência, aonde ele havia se acostumado a ir regularmente para suas pesquisas e onde vivia livremente a sua vida.

Reconheço dessa maneira, de forma inesperada, ao redor do significante m.o.z.a.r, algo como o brasão de meu édipo pelo enodamento, nas

* Referência possível à "marcha" *alla turca* de Mozart? (NT)

situações evocadas, lastreadas com real e com imaginário, de duas ficções: o sobrenome do músico em mozárabe e o nome árabe em Alimozart. De tal maneira que nada mais pude fazer a não ser registrar a nomeação operada pelo surgimento na linguagem dessas ficções. Tendo sido muito interpelado em razão do modo peculiar de relação com o simbólico suposto por uma cunhagem edipiana constituída dessa maneira, minha questão será, relativamente ao tema das "Vias da psicose", por que, com um tal brasão, não ter desencadeado uma psicose, senão patente no sentido psiquiátrico do termo, pelo menos da maneira como se aborda essa estrutura em psicanálise e, algumas vezes, vem fazer signo? Leio em "De uma questão preliminar a todo tratamento possível da psicose", de Lacan, que é necessário, para que não surja a psicose, que o nome do pai, chamado ao lugar do Outro, não esteja em oposição simbólica ao sujeito e que ele redobre, nesse lugar, o significante do ternário simbólico na medida em que ele constitui a lei do significante[4]. Podemos nos indagar se, no caso relatado, o canto (ou a voz) como significante do órgão feminino e, vimos, Mozart como significante do desejo da mãe, árabe (ou Ali) como significante do desejo do pai (ou teria que dizer do nome do pai?) não vêm como significantes do ternário simbólico. Quanto à lei do significante, sua eficácia vem também do lugar que a mãe designa à palavra do pai (ou à sua metáfora?), do caso que a mãe faz de sua palavra, de sua autoridade.

No que diz respeito ao lugar do pai, na fantasmática ou na realidade (deixamos o registro da ficção) sexual do casal, a jovem dançarina de que falei primeiro vai nos fornecer amplo material para reflexão.

A exposição que sou levado a fazer, mais ou menos seis meses após ter falado em relação à paciente música, consiste em comunicar aos meus parceiros de trabalho o que tinha ocorrido, um ano mais tarde, com o trajeto "analítico" da primeira paciente evocada nessa comunicação. Após três entrevistas face a face (e depois da apresentação do Traço do caso), Greta me pediu, num tom que não pareceu poder ser desconhecido, nem permitir que sua demanda fosse respondida por evasivas, para deitar no divã. Duas vezes por semana, durante dois meses, teve lugar um certo trabalho, um

4 Jacques Lacan, "D'une question préliminaire à tout traitement possible de da psychose", 1955-1956, em *Écrits*, Paris, Le Seuil, 1966, pp. 577-578.

trabalho certo, sobre o qual eu posso dizer, *après coup*, que consistiu em se livrar de um fardo bastante pesado. Ela nasceu de uma relação ultra-rápida entre sua mãe, artista de *music-hall*, e um talentoso fotógrafo que não deixou sinal atrás de si para essa mãe a não ser uma filha, Greta, e uma foto que a jovem, criança, sempre havia visto no alto da lareira do apartamento de classe média baixa em que morava na época. Então, uma imagem do pai e, nas falas da mãe, o que é necessário para que sejam sustentadas, para sua filha, não apenas essa imagem, mas, digamos, a função paterna. Ela então ouve falar desse pai, mas não o conhece. Chegada à idade adulta, ela mobiliza o que é preciso para encontrá-lo. Esses reencontros serão realmente uma festa trágica, uma festa violenta em que a ternura e o amor se enodarão.

Após dois meses de sessões regulares, carregadas, ricas em associações, ela me anuncia que o cabaré que a emprega sai em *tournée* e que então ela deve interromper a análise por cinco a seis semanas. Como eu estava esperando, ela não comparecerá nem dará sinal de si na data combinada. Durante sua ausência, fui informado, de fonte totalmente diferente, da repentina morte do homem que havia encaminhado Greta para mim e de quem ela havia acabado por me dizer que era próxima (embora ele morasse longe, do outro lado do mar) e com o qual ela me acreditava bem mais ligado do que eu realmente era. Será por esse duplo semblante que me autorizarei a escrever um bilhete à paciente, mensagem boba de simpatia e uma espécie de relançamento.

Com efeito, ela me telefona pouco após, vem falar do que aconteceu, de seu luto, e pede explicitamente para retomar a análise. Consultas são marcadas; ela comparece à primeira e não à segunda: ela me telefona. Teve um acidente, fratura da perna (não é pouca coisa para uma dançarina) que a manterá imobilizada por um certo tempo. Decidimos que entrará em contato comigo de novo no momento adequado, mas ela não o fará espontaneamente. Tendo que se ausentar por uma semana, de novo ela marca uma consulta para sua volta. Ela não vai comparecer e nunca mais ouvi falar dela.

Pareceu-me que essa análise impossível, ou o prosseguimento impossível dessa análise, tinha algo a ver com uma forclusão. É o laço entre as associações que resultaram dos três episódios aqui relatados que me faz formular a pergunta nos seguintes termos: eu falo de uma forclusão que o analista encontra, no des-ser de um fim de análise, ou numa posição depressiva da ordem da prova que constitui para um analista uma transferência sem análise, a divisão entre a impotência e a impossibilidade permanecendo indecidível. Embora a cura ou o Passe, ou um controle, possam às vezes esclarecer essa trombada última com o desejo de analista, raramente é aí desvelada essa relação radical de exclusão entre esse desejo e a libido.

Claude Dumézil

... ao capítulo 5: Nomeação
Do lado das Kerguelen

Para introduzir a questão da nomeação, proponho a vocês algumas reflexões a partir do livro de Jean-Paul Kauffmann, *O arco das Kerguelen*, que é uma narrativa de viagem, ao mesmo tempo pelas paisagens "desoladas" que percorre, mas também pelo nome dos lugares[1].

Jean-Paul Kauffmann não se separa, durante toda a viagem, do *Toponímia das terras austrais*, obra redigida em Paris por uma comissão de toponímia, composta de cinco membros, que se reuniu por cinco anos, de 1966 a 1971, a pedido do administrador superior das terras austrais. Tratava-se então de dar uma existência oficial às Ilhas Kerguelen, definindo os nomes dos lugares: lagos, morros, etc[2].

Essas longínquas ilhas resistiam à nomeação, certamente por falta de história. Freqüentemente ficaram desertas por longos períodos, desde sua descoberta em 1772. Desde tal momento, existia uma incerteza a respeito de seu nome. Efetivamente, o cavaleiro de Kerguelen, que as havia descoberto, procurava outra coisa, sonhava com outra coisa.

Ele havia partido em busca de um continente, de um Eldorado. Nessa época se imaginava poder existir nessas paragens um terceiro mundo. Após sua primeira viagem e contra toda evidência, Kerguelen continua a

---

1 Texto publicado em AFP, primeira série dos *Cahiers de l'association*, nº 6, setembro-outubro de 1996, sob o título: "Nomination, appréhension du réel?" [Nomeação, apreensão do real?].

2 Jean-Paul Kauffmann, *L'arche des Kerguelen*, Flammarion, 1993.

falar de um terceiro mundo, que até nomeia Australásia. Em outros momentos, ele fala de "suas terras" ou das "terras austrais".

Ele empreende uma segunda viagem. Convence-se de que não se trata de um continente. Suas ilhas ficam sem nome. Ele nem desembarca em suas terras. Ele opõe à sua descoberta um espécie de resistência passiva.

Só quatro anos após a descoberta é que outro navegador, o capitão Cook, nomeará esse lugar: "As Ilhas da Desolação", ratificando a decepção do inventor das ilhas.

É o editor do capitão Cook quem, modificando o texto do autor, o fará dizer: "Mas eu não quero furtar ao Monsieur de Kerguelen a honra de que ela leve seu nome" (A Desolação).

Kerguelen havia sonhado com um Eldorado, Jean-Paul Kauffmann o imita. Seu livro começa por essa frase: "Por toda a minha infância, eu sonhei com as Kerguelen".

Sua primeira impressão, ao chegar, ao colocar o pé na ilha, será para ele também a decepção. Está confrontado com um vazio original, com a estupidez do relevo, com a aniquilação dolorosa de um mundo. Fala de desvio de sonho, de abuso de confiança, de roubo de ilusões.

Ele continua, mesmo assim, sua procura de um sentido. Haveria nas Kerguelen "um segredo transmitido à terra", um sentido oculto disfarçado no Arco, que é um imenso pórtico de basalto que o autor procura em vão alcançar, para finalmente perceber, logo de sua volta à França, que o Arco desabara no começo do século.

Trata-se mesmo de uma carta/letra escondida, evocada em um livro de Edgar Poe: *As aventuras de Arthur Gordon Pym.*

O sentido oculto desse lugar original poderia remeter a algo da ordem da falta*. Por que Monsieur de Kerguelen foi jogado na cadeia na volta de sua segunda viagem? Foi apontado como culpado de nove faltas, a primeira sendo de "haver ilícita e furtivamente embarcado uma moça", Louise Seguin, Louison, "e ter vivido com ela e outras passageiras de maneira escandalosa". Teria havido mesmo quatro mulheres a bordo até a Île de France (La Réunion), e depois só Louison, que Kauffmann chama de Eva das Kerguelen.

---

* Em francês, *faute*, que tanto é a falta no sentido de uma ausência, de uma carência, quanto a falta no sentido moral, no sentido de pecado, de crime, de delito. (NT)

A segunda falta decorre da primeira. A presença feminina a bordo atiça a cobiça dos outros oficiais e ele não consegue mais fazer reinar a ordem, não aplica mais a justiça e a polícia em sua embarcação e compromete sua autoridade.

As outras faltas foram menores.

Entre suas duas viagens, Kerguelen pôs-se a imaginar que a terra poderia ser habitada por "homens naturais, vivendo em estado primitivo, sem desconfiança nem remorsos, e ignorando os artifícios dos homens civilizados". Vale dizer que seriam homens anteriores à falta. Mas tal fantasma ruirá na segunda viagem.

As Kerguelen tomarão então o lugar de representantes do caos primitivo, assustador; elas são a-humanas, de antes da nomeação, de antes da civilização. E para Jean-Paul Kauffmann essa obsessão com a nomeação o assolará pela duração da viagem, de maneira lancinante.

Lugar informal, insituável, as Kerguelen parecem estar sempre no aguardo de novos nomes. Conferir um nome ao menor cantinho dessas ilhas perdidas passa a ser um ato quase religioso e de extrema gravidade.

Quando Kauffmann descobre um vale desconhecido, não constando no mapa, resolve com seus companheiros lhe dar um nome, Mac Orlan, logo veremos a razão. Mas, ao final das contas, renunciará a isso: "Meus companheiros desejavam que no meu retorno eu submetesse o 'Vale Mac Orlan' à apreciação da comissão de toponímia. Não farei isso. Possa esse vale permanecer em paz, ainda por um bom tempo esquecido dos humanos! Um dia eles acabarão marcando-o com o ferro rubro da denominação".

Por que Mac Orlan? Jean-Paul Kauffmann acaba de encontrar em uma cabana isolada bem no meio da ilha, longe de tudo, um livro de Mac Orlan, *A âncora da misericórdia*. Ele o lê e faz uma descoberta desconcertante: fala-se do riacho Panfeld, perto de Brest, e a cada vez a palavra foi sublinhada. Ora, esse lugar é exatamente o lugar em que Kerguelen foi jogado na prisão por ocasião de seu processo.

Eis, então, o que Jean-Paul Kauffmann encontra no desvio de sua viagem: o significante da claustração*.

* Mantivemos o uso francês por uma certa consonância com "castração", o que possivelmente está em jogo. (NT)

Se a toponímia faz do inomeado um objeto de discurso, se ela tem a forma de organização social do mundo em que a linguagem tem a faculdade de criar os lugares que designa, ocorre que o viajante, que partiu nas pegadas de seus predecessores, só encontra no desvio do caminho seus próprios significantes.

Cito Jean-Paul Kauffmann: "Não seriam as Kerguelen nada mais que minha verdade em estado puro? Elas são um desafio ao pitoresco, ao exotismo, à viagem. Teria eu inventado antes de minha viagem a Desolação? Tal devastação carrego em mim. Nada me resta a não ser a pureza do céu e da terra, o terrível frescor da criação".

Jean-Paul Kauffmann ainda: "Vim aqui para me desolar. Criar solidão, repovoar o que foi destruído".

Se retive essa problemática e essa história, é por elas nos proporem uma representação de uma confrontação com a linguagem em uma circunstância extrema, que não deixa de lembrar certos traços da interpretação analítica.

A psicanálise, como prática da fala, e sobretudo como invenção, foi, primeiro, produção de conceitos. Toda a obra de Freud é uma tentativa de nomear os bons conceitos, aprimorá-los, fazê-los jogar entre si, articulá-los, "para delinear as coisas", diz Lacan.

Como do lado das Kerguelen, tratar-se-ia de fazer existir o inominado, de colar essas "coisas" com a linguagem, com a ordem simbólica que já está lá, invariável, implacável.

Haveria aí um empreendimento cultural, se supusermos cultura e simbólico amplamente superponíveis.

Mas a cura não é somente inscrição de significantes, nova articulação entre eles, produção de sentidos. Não é somente fabricação de um discurso ali onde só havia recalque e censura.

Ela pode ser também, pela nomeação de certos significantes enigmáticos, produção de novas questões às quais a interpretação só poderá responder pela metade.

Quando Freud descobre a interpretação dos sonhos, com o sonho da "injeção em Irma"(3), ele fala ao mesmo tempo do sentido disso tudo, de

---

3 Sigmund Freud, *L'interprétation des rêves*, PUF.

uma interpretação completa e de um empreendimento inacabado; haveria ainda outras pistas a seguir. Mesmo ultra-interpretado, o sonho ainda formula enigmas.

No seminário sobre o Eu[4], Lacan ressalta a dimensão da nomeação nesse texto de Freud, de nomeação da própria descoberta.

Através do enigma da trimetilamina, Freud produz um significante que seria, segundo Lacan, "a última palavra, a palavra de tudo, que não quer dizer nada a não ser que é uma palavra".

Aí o significante chega lá onde a angústia aponta no momento de uma apreensão "do real no que ele tem de menos penetrável, do real sem nenhuma mediação possível, do real último", que Lacan superpõe nesse texto ao "objeto essencial", "essa qualquer coisa" frente à qual todas as palavras param e todas as categorias fracassam, o objeto de angústia por excelência.

O sonho atinge "o ponto de angústia onde o sujeito reencontra a experiência de seu dilaceramento, de seu isolamento do mundo".

Não estaria aí precisamente o que permite a nomeação de Freud como inventor, a nomeação de Freud como analista, pela nomeação do desejo de analista?

É então nessas paragens, nos limites do indizível, nos confins do real, que Freud é confrontado com seu desejo de ser o criador, e é lá que ele se debate com transgressão e culpabilidade. Lacan formula dessa maneira: "Sempre se é culpado por transgredir um limite até então imposto à atividade humana".

Também é aí que devem ser discernidos os discursos que permitiriam a abordagem de uma nomeação como a que nos ocupa, nos quais se ouviria algo da fundação de uma prática, algo do discurso do analista.

A questão se viu progressivamente deslocada do Passe aos Dispositivos sobre a prática e agora ao Protocolo institucional.

Nós a formulamos dessa maneira no início: "A associação se propõe reconhecer aqueles de seus membros cuja prática clínica e teórica se basearia na ética psicanalítica tal como a associação a sustenta através de sua experiência".

---

4 Jacques Lacan, *Séminaire*, Livre II, Le Seuil, 1978.

Essa referência central à ética não facilita necessariamente nosso trabalho, pois que a ética está sempre recolocada em causa, todo dia, na prática.

Vemos a que ponto a tarefa é delicada: tratar-se-ia de nomear a partir de um discernimento do real que estaria em jogo na formação do psicanalista e que teria a ver com a estrutura do desejo do analista.

Claude Conté escrevia que cada associação poderia muito bem ser mantida unida e persistiria em razão dessa hiância central do desejo do analista.

Para Lévi-Strauss, nomear é classificar. A hipótese de uma lista instalaria então a classe dos que são nomeados. Entretanto, Lévi-Strauss acrescentava que não se trata unicamente de classificar o outro, mas também de classificar a si mesmo.

Haveria então a classe dos que são nomeados, igualmente a classe dos que não são nomeados, e a classe dos que nomeiam.

Esse é, no momento, o interesse que pude sentir na invenção desse protocolo: ele nos pôs – aqueles que se propuseram a isso – em um lugar impossível, a girar ao redor de uma hiância, e a resistir, como Kerguelen, aos efeitos de nosso ato.

Serge Granier de Cassagnac

Companhia de Freud
editora

OBRAS PUBLICADAS

Psicanálise e Tempo
Erik Porge

Psicanálise e Análise do Discurso
Nina Leite

Letra a Letra
Jean Allouch

Mal-Estar na Procriação
Marie-Magdeleine Chatel

Marguerite ou "A Aimée" de Lacan
Jean Allouch

Revista Internacional nº 1
A Clínica Lacaniana
A Criança na Clínica Psicanalítica
Angela Vorcaro

A Feminilidade Velada
Philippe Julien

O Discurso Melancólico
Marie-Claude Lambotte

A Etificação da Psicanálise
Jean Allouch

Roubo de Idéias?
Erik Porge

Os Nomes do Pai em Jacques Lacan
Erik Porge

Revista Internacional nº 2
A Histeria

Anorexia Mental, Ascese, Mística
Éric Bidaud

Hitler – A Tirania e a Psicanálise
Jean-Gérard Bursztein

Littoral
A Criança e o Psicanalista

O Amor ao Avesso
Gérard Pommier

Paixões do Ser
Sandra Dias

A Ficção do Si Mesmo
Ana Maria Medeiros da Costa

As Construções do Universal
Monique David-Ménard

Littoral
Luto de Criança

Trata-se uma Criança – Tomos I e II
Congresso Internacional de Psicanálise e suas Conexões – Vários

O Adolescente e o Psicanalista
Jean-Jacques Rassial

— Alô, Lacan?
— É claro que não.
Jean Allouch

A Crise de Adolescência
Octave Mannoni e outros

O Adolescente na Psicanálise
Raymond Cahn

A Morte e o Imaginário na Adolescência
Silvia Tubert

Invocações
Alain Didier-Weill

Um Percurso em Psicanálise com Lacan
Taciana de Melo Mafra

A Fantasia da Eleição Divina
Sergio Becker

Lacan e o Espelho Sofiânico de Boehme
Dany-Robert Dufour

O Adolescente e a Modernidade – Tomos I, II e III
Congresso Internacional de Psicanálise e suas Conexões – Vários

A Hora do Chá na Casa dos Pendlebury
Alain Didier-Weill

W. R. Bion – Novas Leituras
Arnaldo Chuster

Crianças na Psicanálise
Angela Vorcaro

O Sorriso da Gioconda
Catherine Mathelin

As Psicoses
Philippe Julien

O Olhar e a Voz
Paul-Laurent Assoun

Um Jeito de Poeta
Luís Mauro Caetano da Rosa

Estética da Melancolia
Marie-Claude Lambotte

O Desejo do Psicanalista
Diana S. Rabinovich

Os Mistérios da Trindade
Dany-Robert Dufour

A Equação do Sonhos
Gisèle Chaboudez

Abandonarás teu Pai e tua Mãe
Philippe Julien

A Estrutura na Obra Lacaniana
Taciana de Melo Mafra

Elissa Rhaís
Paul Tabet

Ciúmes
Denise Lachaud

Trilhamentos do Feminino
Jerzuí Tomaz

Gostar de Mulheres
Autores diversos

Os Errantes da Carne
Jean-Pierre Winter

As Intervenções do Analista
Isidoro Vegh

Adolescência e Psicose
Edson Saggese

O Sujeito em Estado Limite
Jean-Jacques Rassial

O que Acontece no Ato Analítico?
Roberto Harari

A Clínica da Identificação
Clara Cruglak

A Escritura Psicótica
Marcelo Muniz Freire

Os Discursos e a Cura
Isidoro Vegh

Procuro o Homem da Minha Vida
Daniela Di Segni

A Criança Adotiva
Nazir Hamad

Littoral
O Pai

O Transexualismo
Henry Frignet

Psicose, Perversão, Neurose
Philippe Julien

Como se Chama James Joyce?
Roberto Harari

A Psicanálise: dos Princípios
Ético-estéticos à Clinica
W.R. Bion – Novas Leituras
Arnaldo Chuster

O Significante, a Letra e o Objeto
Charles Melman

O Complexo de Jocasta
Marie-Christine Laznik

O Homem sem Gravidade
Charles Melman

O Desejo da Escrita em Ítalo Calvino
Rita de Cássia Maia e Silva Costa

O Dia em que Lacan me Adotou
Gérard Haddad

Mulheres de 50
Daniela Di Segni e Hilda V. Levy

A Transferência
Taciana de Melo Mafra

Clínica da Pulsão
Diana S. Rabinovich

Os Discursos na Psicanálise
Aurélio Souza

Littoral
O conhecimento paranóico

Revista Dizer – 14
A medicalização da dor

Neurose Obsessiva
Charles Melman

A Erótica do Luto
Jean Allouch

Um Mundo sem Limite
Jean-Pierre Lebrun

Comer o Livro
Gérard Haddad

Do Pai à Letra
Hector Yankelevich

A Experiência da Análise
Norberto Ferreyra

A Fadiga Crônica
Pura H. Cancina

O Desejo Contrariado
Robert Lévy

Psicanálise de Crianças Separadas
Jenny Aubry

Lógica das Paixões
Roland Gori

Um Narrador Incerto, Entre o Estranho e o Familiar
Lucia Serrano Pereira

Gide-Genet-Mishima
Catherine Millot

Dependência Química na Adolescência
Hélcio Fernandes Mattos

O Sexo Conduz o Mundo
Colette Chiland

Um Homem de Palavra
Nazir Hamad

A Arte de Reduzir as Cabeças
Dany-Robert Dufour

Poetas, crianças e criminalidade... sobre Jean Genet
Alba Flesler / Claudio Martyniuk / Fernando Sabsay / Isidoro Vegh

A Paixão do Sujeito Freudiano
Bernard Penot

Clínica Lacaniana: As Homossexualidades, Revista Internacional nº 2

A Significação do Falo
Diana Rabinovich

A Angústia e o Desejo do Outro
Diana Rabinovich

A Crueldade no Feminino
diversos autores

A SEREM EDITADOS:

O Próximo
Isidoro Vegh

Os Nomes Indistintos
Jean-Claude Milner

O Caminhante Analítico
Victor Smirnof

Figuras do Real
Ginette Michaud

Do Amor do Outro ao Amor de Si
Patrick Delaroche

A Topologia de Lacan
Jean-Paul Gilson

O Conhecimento Paranóico
Revista Litoral

Letra e Pulsão de Morte
Andre Green

Enigma do Incesto
Laure Rozen

O Inferno do Dever
Denise Lachaud

A Quarta Mulher
Paul Tabet

Lacaniana
Moutapha Safouan

Dez Conferências de Psicanálise
Moustapha Safouan

Estados de Abandono
Jacques André

Transferência e Estados Limites
Jacques André

Da Paixão
Jacques André

A Anatomia da Terceira Pessoa
Guy Le Gaufey

A Criança no Espelho (Freud Wallon Lacan)
Émile Jalley

A Sombra do Teu Cão:
discurso analítico – discurso lésbico
Jean Allouch

O Livro das Separações
Emílio Rodrigué

A Violência na Adolescência
Pierre Kamerer

Para uma Clínica do Real
Isidoro Vegh

O Fracasso do Fantasma
Silvia Amigo

A Topologia de Jacques Lacan
Jean-Paul Gilson

As Figuras do Real
Patrick Delaroche

A Ambivalência Materna
Michele Benhaïm

Oriente Médio: povos autoritários,
sociedades bloqueadas
Philippe Droz-Vincent

Dicionário da Sexualidade Humana
Philippe Brenot

Dicionário da Justiça
Löic Cadiet

O Jornalista e seu poder
Gérard Spitéri

Michel Foucault: a inquietude da história
Mathieu Potte-Bonneville

Lacaniana: os seminários de Jacques Lacan –
1964-1979
Moustapha Safouan

O Sexo do Mestre
Jean Allouch

Psicoterapia-Psicanálise-Didática 1 – debates
Analyse Freudienne Presse

Psicoterapia-Psicanálise-Didática 2 – escritos
Analyse Freudienne Presse

Impresso por:

Edil
Artes Gráficas

Tel/Fax: (21) 2159 7979
E-mail: edil@edil.com.br